Edition Tintenfisch

Herausgegeben von Hans Christoph Buch, Lars Gustafsson, Michael Krüger und Klaus Wagenbach

Tintenfisch 20

Jahrbuch für Literatur

Herausgegeben von
Michael Krüger und Klaus Wagenbach

Verlag Klaus Wagenbach Berlin 1981

Er macht sich immer breiter dieser Quark: Wenig Kunst und viel ›Echtes‹. Was soll denn da ›echt‹ sein auf holzfreiem Papier? Erfahrungen?
Plötzlich ist eine Sucht nach Nähe, nach Stallwärme ausgebrochen, die sämtliche Fragen der Form eben als ›formal‹ abtut. Und doch möchte man alle diese Seelen- und Körpererregungen lieber nur gedruckt vor sich haben, also mit dem gehörigen Abstand. Den aber, bitte, wiederum bequem, ohne zusätzliche Anstrengungen gedanklicher oder ästhetischer Art. Wie die mittlere Journaille: Sie sagt, wie's (nicht) ist, und auch ganz gemeinverständlich.
Bestätigungslektüre: Sieh da, anderen geht es ebenso. Auf diese Weise wird neuerdings wieder öfters für Literatur gehalten, was nur Ehrlichkeitskitsch ist.
Wir haben versucht, diesen ›Tintenfisch‹ so zusammenzustellen, d. h. derart zu zensieren, daß Ihnen, den Lesern, die heiteren und die bitteren Anstrengungen der Kunst nicht erspart bleiben.

Michael Krüger   Klaus Wagenbach

Manuskripte für den ›Tintenfisch‹ werden an die Adresse des Verlages erbeten (Verlag Klaus Wagenbach, Bamberger Str. 6, 1 Berlin 30). Wir bitten die Autoren um Verständnis, daß die Einsendungen nicht einzeln beantwortet werden können.

Satz und Druck: Poeschel & Schulz-Schomburgk, Eschwege
Bindung: Hans Klotz, Augsburg
Schrift: Borgis, Petit und Kolonel Linotype-Baskerville-Antiqua
Printed in Germany.
ISBN 3 8031 0114 x

Inhalt

Aufrichtige Antworten oder »Nur die Lumpe sind bescheiden« (J.W.G.)

Auf eine französische Umfrage unter deutschen Autoren, welche deutschen Schriftsteller ihrer Meinung nach beim französischen Publikum zu wenig bekannt seien, antworteten:
Joachim Seyppel: »Der Romancier J. Seyppel«
Klaus Stiller: »Ich«
Jochen Ziem: »Jochen Ziem«
Gerhard Zwerenz: »Gerhard Zwerenz«
Gert Kalow: »Paul Celan und Gert Kalow«

(Nach: Jean Philippon, L'Espace Culturel Franco-Allemand. Paris 1981)

Günter Kunert *Preußen und kein Ende*

Fast alle Geschichtsschreibung, jedenfalls soweit sie Preußen betrifft, ignoriert unwillkürlich oder vielleicht sogar willentlich alle subjektiven Erfahrungen der jüngsten Vergangenheit und einer geographisch parzellierten Gegenwart; sie ignoriert die innere Verfassung von Menschen, die als »deutsche Mentalität« zu bezeichnen der aufmerksame Beobachter nicht umhin kann. Immer wird das Gestern absolut historisiert und damit in einen abstrakten Hades verwiesen, in dem es nur vom Historiker aufgesucht werden kann, ohne daß es jedoch selber imstande wäre, lebendig in der Oberwelt eines Heute zu erscheinen. Diese Vorstellung von gewesener Geschichte aber ist falsch und nirgends sonst so widerlegbar wie gerade durch die preußische Geschichte. Ihre Folgen sind noch nicht ausgestanden. Was da in unserem Unbewußten rumort, unser Verhalten teilweise bestimmt, das gesellschaftliche »Leben« – eher ein formalisiertes Aufeinanderbezogensein – in bestimmten Schichten und einem Teil Deutschlands durchzieht, sind Spätschäden und nur als solche erklärbar.
Der friderizianische Staat ist reich an »unbegrenzten Unmöglichkeiten«; das trostlose Schauspiel eines ins Groteske gesteigerten, provinziellen Absolutismus im Detail zu betrachten, wollen wir uns ersparen. Ausschließlich auf ein Phänomen, das Grundphänomen, auf den Kitt des Ganzen wollen wir uns beschränken: Es ist die Rede von der Angst als Staatsräson.
Preußen, so tot wie das Heilige Römische Reich Deutscher Nation, an dessen Untergang es eifrig und erfolgreich mitgewirkt hat, kann trotzdem nicht sterben. Wie Graf Dracula ruht es in seinem geschichtlichen Sarg, um, sobald es Blut und Gewalt wittert, sich erneut zu regen und Andeutungen eines Wiedererwachens zu zeigen. Ist verabsäumt worden, nach gutem, alten Rezept durch sein Herz einen Pflock zu stoßen? Müßiges Unterfangen: Es hat nie eines besessen. Das Wort Ernst Moritz Arndts über Friedrich II., er habe »allenthalben die zarten Keime der menschlichen Gefühle auf das erbarmungsloseste zertreten«, trifft nicht nur auf diesen König, vielmehr auf seine gesamte Gefolgschaft bis hinunter zum letzten Korporal zu, der nicht nur den Stock verschluckt hat, mit dem man ihn einst prügelte, sondern der selber die Prügel in reichem Maße weitergab.

Warum Preußen insbesonders in unseren Tagen eine erstaunliche Publizität widerfährt, läßt sich nur mit einer Geistes- und Seelenverfassung erklären, deren Subalternität eben zur Erbschaft des freudig vorgeführten Scheintoten gehört, und die sich der Freiheit des Augenblicks, der potentiellen wie realen, nicht gewachsen zeigt. Vieles gewohnt, wundern wir uns nicht, daß man uns ein System zur geneigten Betrachtung empfiehlt, das seinerzeit in Europa nur Abscheu und Hohn hervorgerufen hat. Aber im Zuge der sentimentalen und daher blinden Aufwertung vormaliger Herrschaftsstrukturen, deren Pseudoobjektivität uns Daseinsweisen nostalgisch verklärt, die für jeden denkenden Menschen unerträglich wären, war nun auch Preußen an der Reihe. Wir hören neuerdings wieder »preußische Tugenden« rühmen sowie die »positiven« Seiten eines Staatsgebildes, das die von ihm selber verursachte Spaltung der deutschen Nation durch seine spätere Hegemonie über sie als überwunden vorgab.

Preußens Effizienz resultierte aus keiner anderen Ursache als der psychischen Brechung und Willfährigmachung seiner Bürger. Friedrich II., aus dem Abseits im November 1980 wieder auf seinen alten Platz »Unter den Linden« zurückgekehrt (und wie zu fürchten ist: nicht nur auf diesen!), hat in seinem Testament 1768 dieses Prinzip in die denkbar knappeste Formel gefaßt: »Der Soldat muß seine Offiziere mehr fürchten als den Tod!«

Daß dies auch für Zivilisten galt, dafür waren und sind die Verhältnisse im damaligen Berlin der eindeutige Beweis. Mit Friedrich Wilhelm I. hebt das Unheil an:

»Die willkürliche Kabinettsjustiz des Königs (gestattete), gleichsam als Entschädigung für die Sklaverei, in die sie gefallen waren, jede denkbare Vergewaltigung der Berliner Bürger. Berliner Richter, die einmal gewagt hatten, Ausschreitungen von Soldaten pflichtgemäß zu bestrafen, hat der ›Soldatenkönig‹ eigenhändig und ausdauernd durchgeprügelt.« Daß es sich dabei kaum um extreme Einzelfälle gehandelt hat, läßt sich aus dem Status der Stadt erschließen. Sie war eher eine Garnison denn eine Residenz. Bereits Friedrich Wilhelm I. »vermehrte die militärische Besatzung auf 7600 Köpfe, und nach dem Jahre 1721 wuchs sie weiter auf 18 200 Soldaten (einschließlich ihrer Frauen und Kinder) im Jahre 1735. Etwa ein Drittel der Bevölkerung Berlins gehörte somit zum Heer oder zur Beamtenschaft«. Und weiter: »Nach der Bevölkerungszahl der dreizehnte oder vierzehnte unter den Staaten Europas, stand Preußen nach seiner Militärmacht auf der vierten oder dritten Stelle.« Aber nicht, weil es so reich wie das welthandeltreibende und kolonienbeherrschende England gewesen wäre, sondern weil es seiner Armut das Ferment der Angst beimengte. Diese Angst ließ keinen aus und hielt alle auf Trab. Wer sich ihr zu entziehen gedachte, wurde mit Gewalt daran gehindert: Als die Soldatenpressung viele seiner Untertanen, nämlich die Friedrich Wilhelms I., zur Landflucht trieb, verbot er die Auswanderung mit den strengsten Strafen: »Den Entkommenen sandte er kein Geld nach, sondern ließ ihre Namen am Galgen anschlagen und ihr Vermögen einziehen...« Soldaten, wußte man, durften die Mauern Berlins überhaupt nicht ohne Sondergenehmigung verlassen; ihres niedrigen Soldes halber standen sie bettelnd an den Straßenecken, lebende Symbole einer poweren Militärdiktatur. Und die Folgen?

»Unter Friedrich I. war Berlin das Athen des Nordens; Friedrich Wilhelm I. machte sein Sparta daraus. Die ganze Regierung wurde militärisch... Die Akademie der Wissenschaften, die Universitäten, die freien Künste und der Handel gerieten in Verfall... Gunst und Bestechung beherrschten die Besetzung der Professuren auf den Universitäten... Die Regierung erstickte den freien Handel, denn sie befolgte Grundsätze, die seiner Entwicklung durchaus widersprachen...« Kein ausländischer Korrespondent äußerte sich da über Preußen, kein einsichtiger Untertan solchermaßen seinen Protest hinter vorgehaltener Hand: Kein anderer als der Sohn des derart kritisierten Herrschers schrieb diese Worte: Friedrich II., genannt »der Große« – freilich ohne die allergeringsten Konsequenzen daraus für die eigene Herrschaft zu ziehen. Was da reformerisch tönte, war wohl kaum mehr als eine Aufwallung, die, als der junge Mann selber den Thron bestieg, rasch wieder abklang. Auch das ist nicht neu: Daß der jeweils zur Regierung gelangende Potentat änderungsfreudig erscheint, viele Hoffnungen auf sich vereinigt, um bald genug das überkommene Modell unverändert für seine Ziele und Zwecke auszunutzen. Fritze, eben noch die Militarisierung der Hauptstadt beklagend, verpflanzt selber den Kasernenbau nach Berlin und vermehrt die Besatzung zwischen 1763 und seinem Todesjahr 1786 von 19 500 auf 38 000 Mann. Allein von 1763 bis 1767 werden acht Kasernen errichtet.

»In diesen Kasernen«, schreibt Werner Hegemann, dem wir die gründlichsten Auskünfte über das friderizianische Berlin verdanken, »wurden namentlich die verheirateten Soldaten mit ihren Angehörigen einquartiert und somit die Berliner Familie gleich-

sam systematisch zur kasernierten Wohnweise gedrillt.« Verbunden damit war die Überwachung der Soldaten durch die Unteroffiziere, bei denen sie in einer Kammer schliefen, die sie nur durch das Zimmer ihres Bewachers verlassen konnten. Desertierte einer, wurde der »Wohnungsinhaber« zur Rechenschaft gezogen, wurden vor der Stadt die Bauern zur Treibjagd auf den Flüchtigen gezwungen. Wie das Verhältnis dieser Menschen zueinander gewesen sein muß, kann man sich vorstellen: Es war das von Gefangenen und Wächtern, die selber nur privilegiertere Gefangene waren. Ein Privatleben existierte bestenfalls rudimentär, eine »Intimsphäre« gab es nicht. Was nicht in die militärische Funktion Eingang fand, war nicht nur überflüssig, sondern sogar für das Überleben des einzelnen schädlich. Freiwillig begab sich niemand in diese vollkommene und barbarische Abhängigkeit, mittels derer die Abtötung des Individuums und seine Umwandlung zum Roboter stattfand. Daher wurde Friedrich II. zu einer Art Menschenhändler und Sklavenhalter, der sich Rekruten beschaffen ließ und zu diesem Zwecke eine weitausgreifende Korrespondenz bis in die Schweiz führte:
»Ich will nicht allein« – teilt er seinem »lieben Obristen v. Natalis, Gouvernör von Neuchatel« mit –, »daß Ihr dem schweizerischen Bürger Namens Herrenschwandt, dazu alle hülfliche Hand leisten, sondern auch, wenn er Euch solche Recruten überliefert, sie annehmen und selbige bei sicherer Gelegenheit an die nächste Garnison zu weiterem Transport abgeben sollet.«

Die Atmosphäre im Berlin jener fernen und doch so nahen Tage muß bedrückend und schwer erträglich gewesen sein, und die »Zeugenaussagen« wollen uns verblüffend bekannt vorkommen. Preußen-Sympathisant Schmoller erklärt: »Wir wissen heute aus fremden Gesandtschaftsberichten, wie ab und zu sogar die vertrauten und treuen Räte Friedrich Wilhelms I. unter vier Augen erklärten, der Despotismus könne so nicht mehr lange fortgehen, es müsse ein Umschlag, ein Ausbruch, wenn nicht gar eine revolutionäre Erhebung erfolgen.«
Daß sich unter seinem Nachfolger, seinem Filius, nichts gebessert hat, bestätigt ein Ausschnitt aus dem Bericht des englischen Gesandten 1773 nach London: »In Berlin gibt es weder ehrenhafte Männer noch ehrbare Frauen mehr. Bei beiden Geschlechtern herrscht völlige Verderbtheit der Sitten ... eine notwendige Folge der königlichen Unterdrückung ...«

Am eindringlichsten und klarsichtigsten schreibt darüber wiederum Ernst Moritz Arndt: »Gerechtigkeit, die ewige Königin des Königs und des Bettlers, milde Schonung des Menschengeschlechts, zarte Behandlung des Nationalsinns sucht der menschliche Forscher in den herkulischen Arbeiten des großen Königs vergebens. Der strengste Eigensinn, der wildeste Despotismus, das erbarmungsloseste Zertreten der zarten Keime der menschlichen Gefühle ist allenthalben ... Der Ruhm seines Namens, der auf alle zurückfiel, ließ oft vergessen, daß man in einem angespannten, knechtischen und atemlosen Zustand war. Wann sind die unglücklichen Menschen nicht durch Scheine und Klänge betört? ... Welch ein Staat! Und welch ein Regent! schrie man überlaut. Alles Weisheit, Gerechtigkeit, lebendige Beweglichkeit! Und doch alles nur Maschine! Übereinstimmung und Gleichbeweglichkeit des Ganzen, totes Maschinenleben ohne Gefühl, als das der Ehre, von dem Einzigen bewegt und geleitet zu werden ... Aus dem Toten wird nur Totes geboren, und hohl und gespenstisch mit dem Abscheu der Zukunft wird das Kunstgerüst zusammenbrechen.«
Dieser vorprogrammierte Zusammenbruch ist der Preis, den eines Tages alle starren Systeme zu zahlen haben – ob sie wollen oder nicht!
Daß es Friedrich II. trotzdem gelang, sich ein Image als »Magus des Nordens« zuzulegen, als »Philosoph von Sanssouci«, als aufgeklärter Monarch, der Meinungen und Religionen toleriert (was ihm schon Lessing widerlegte), ist bei der auch damals kaum geringeren menschlichen Leichtgläubigkeit und Bereitschaft, sich betrügen zu lassen, nicht verwunderlich. Alles war Täuschung, Schein, Taschenspielerei, nichts tatsächlich diesem Mann substantiell eigen, der ja in seiner Jugend selber aus Preußen verschwinden wollte und dann bei der Hinrichtung seines Freundes und Fluchthelfers Katte zuschauen mußte, wobei ihm der Vater den Kopf hielt, damit er ihn nicht abwende. Der Satz aus seinem Testament, der Soldat müsse den Offizier mehr fürchten als den Tod, scheint die Übersetzung eines persönlichen Traumas in eine Herrschaftsanweisung: So hat er den Vater gefürchtet, und sein »Schlüsselerlebnis«, seine prägende Erfahrung, ist nichts anderes als diese Furcht, und sein künstlerisches Dilettantentum der unbewußte Versuch, vor dieser übermächtigen Gestalt in Freiräume zu entfliehen, in die sie ihm nicht zu folgen vermochte.

Vater und Sohn, der letzte mittelbar, haben die Angst als Raison d'être erkannt: Nur sie hielt die heterogenen Bestandteile dieses Grenzlandes zwischen Ost und West zusammen. Die vielgelobte Treue der Untertanen war, dessen bin ich sicher, nichts als Angst vor den Folgen selbständigen Denkens und Handelns.
Man erinnere sich der Entstehung der Berliner Friedrichstadt, die dadurch aufgebaut wurde, daß Friedrich Wilhelm I. von ihm abhängigen Personen die Errichtung eines Wohnhauses anbefahl: Verweigerung oder Widerspruch waren nicht zulässig. Viele dieser zwangsweisen Bauherren haben sich auf diese Weise ruiniert, und nicht selten geschah, daß, nachdem die Wände standen, sich der Besitzer darin aufhängte. Die Festung Spandau warf einen drohenden Schatten über alle.
Psychologisch gesehen waren diese beiden Hohenzollern, Vater wie Sohn, manisch um ihr Ansehen bemühte Psychopathen. Nur in der brutalen Unterdrückung anderer, in der höhnischen Vernichtung ihnen ausgelieferter Existenzen begriffen sie sich als Inhaber königlicher Macht.
Allein in der Gewalt über Leben und Tod (»Kerls, wollt ihr ewig leben?«) fanden sie ihre absolutistische Position bestätigt, derer sie sich sonst wohl nie ganz sicher gewesen zu sein scheinen. Sie waren schließlich bereits verspätete absolute Regenten, und bloß durch ihre Roheit und Unbildung befähigt, diese Verspätung wettzumachen – zum Schaden eines Reiches, das unter solchen Vorzeichen nie hätte zusammengeschlossen werden dürfen.

Obgleich Preußen weder als Staat noch als topographisch fest umrissenes Land mehr existiert, haben wir uns vor der einstmals osmotisch wirkenden Angst nicht gänzlich erholt, nicht völlig befreien können – gerade weil wir ihren institutionellen Charakter nicht erkannt haben. Sie ist im Laufe zweier Jahrhunderte immer wieder neu belebt und benutzt worden, in der Wilhelminischen und weitaus stärker und umfassender in der Adolfinischen Epoche, die in manchen Wesenszügen Preußen am nächsten kam. Wie sollte sich da unsere Mentalität, deren Determinante gerade sie war, verändern? Historisch-psychologische Grundmuster verschwinden nicht mit dem abgelaufenen Kalender. Der traumatisierende Eindruck, den eine Gesellschaft hervorzubringen vermag, kann als Erinnerung verblassen, aber es bleibt ein Rest, der in das Verhalten des Betroffenen eingeht, verwandelt zu Vorsicht, Konformitätsbereitschaft, Konfliktscheu, zu Wesensschwächen, die man, umgefälscht zu persönlichen positiven Eigenschaften, durch Generationen weitergibt – was, wenn die Verhältnisse ohnehin nicht »so« sind, relativ leicht und unbemerkt sich vollzieht. Man mag es vielleicht für übertrieben, für übersteigert halten, wird in diesem Zusammenhang die verdächtig-familiäre Bezeichnung »Alter Fritz« für Friedrich II. einmal ganz wörtlich genommen, um die Psychopathologie dieser unseligen Figur aus ihrem Ursprung zu erklären. Ein »Kindheitsmuster« besonderer Art: Der Schock martialischer Disziplinierung trifft den kleinen Fritz in der noch kindheitlichen Entwicklungsphase und fixiert Infantilität und Inferiorität. Aus dem kleinen Fritz kann nur noch der »Alte Fritz« werden, kein erwachsener, verantwortungsvoller Mensch. Der Spieltrieb mutiert zum Dilettantismus in den Künsten. Seine unaufhörliche poetische Handwerkelei, Gedichte in schlechtem Französisch, die ihm Voltaire korrigieren muß; die anhaltende Produktion von Flötensonaten (121 an der Zahl, dazu sechs Flötenkonzerte) auf Kosten sinnvoller Verwaltungstätigkeit, und seine lächerliche Vorliebe für kostbare Pretiosen, meist diamantbesetzte Schnupftabaksdosen, die er ständig in Kisten auf einem Dromedar bis in die Feldlager seiner Schlachten mitschleppt, kennzeichnen die regredierte Persönlichkeit. In geistigen Dingen wirkt er geradezu autistisch; Goethes »Götz von Berlichingen« nennt er in seinem Buch über deutsche Literatur ein schlechtes Stück, unverzeihlich sogar als die ebenfalls schlechten Stücke Shakespeares, denen er ihr Alter zugute hält. Mit einem Wort: ein Banause. Ihm folgen in der Machtausübung des »Menschen über den Menschen« noch viele andere gleichen Kalibers nach. Am Ende seines unseligen Wirkens äußert jener »Fridericus Rex« den Wunsch, sich ins demokratische Holland zurückzuziehen, weil – und auch das beweist seine Blindheit gegenüber der eigenen Verantwortung – er es müde sei, über Sklaven zu herrschen.

Unser Bewußtsein für unsere eigene historische Vergangenheit ist entschärft, unser Blick zurück milde geworden: Wir sind bereit, unseren Vorläufern vieles zu verzeihen und nachzusehen, schlimmer noch, ihr Elend zu romantisieren, aus dem Unbehagen an unserer Gegenwart, aus dem Mangel an hoffnungsvoller Perspektive. Aber es gibt kein Gestern, nach dem zurückzusehnen es sich lohnte, und nach dem preußischen schon gar nicht.

Volker von Törne *Drei Gedichte*

Sieger der Geschichte

Für Karin und Hans-Richard Nevermann

Was erwartet ihr von mir?
Daß ich von unsern Siegen rede
Daß ich die Hoffnung trage
Auf den Markt der tauben Ohren
Daß ich den Blinden
Ihre Augen öffne
Daß ich die Stummen
Reden lehre?

Ihr wißt wie ich: Das große Babylon
Ging unter, Troja fiel
Und von Mykene blieb nur Stein
Und das Karthagos Mauern schleifte
Das stolze Rom
Zeigt nur noch
Seines Ruhms
Ruinen

Ich frage euch: Was sind
Die Bogenschützen Babylons
Was Hektor und Achill
Was Caesars dröhnende Legionen
Gegen des Pentagons gewaltige Geschwader
Die Horizonte
Kreuzend: die Erde
Im Visier?

Was erwartet ihr von mir?
Daß ich mit einer Feuerpatsche
Den Weltbrand lösche
Daß ich Raketen
Aufhalte mit der Hand
Daß ich mit einem Wort
Die Ledernacken schaffe
Uns vom Hals?

Was wird aus uns?
Wie soll ichs wissen?
Daß wir die Sieger der Geschichte sind
Ist leicht gesagt
Doch weiß ich auch
Wenn wirs nicht werden
Wird diese Erde
Nicht mehr sein

Ich weiß
Daß sich hier nichts bewegt
Wenn wir es nicht bewegen
Es hilft ja nichts:
Wir müssen unsrer Hoffnung
Panzer schmieden
Und Flügel
Unserm Zorn

Lied vom realen Sozialismus

Der Sozialismus wird erbaut
Nicht an einem Tage –
Gut, Genossen, doch ihr baut
Nun schon 30 Jahre
Den Sozialismus ganz real
Von Rostock bis nach Thale –
Real ist auch der Intershop,
Wo ich mit Westgeld zahle.

Die Grenzen müssen sicher sein
Im Land und an den Küsten –
Das ist wahr, doch wahr ist auch:
Wir rosten, wenn wir rüsten.
Und läßt der Wolf, der Klassenfeind
Uns nicht in Frieden schlafen –
Ist die Partei ein Schäferhund,
Sind wir ein Volk von Schafen?

Wie Kaiser Rotbart lobesam
Tief unten im Kyffhäuser
Schläft Karl Marx – sprecht nicht zu laut,
Genossen, tretet leiser!
Das ist ein Parteibeschluß:
Niemand darf ihn wecken –
Was er sähe, würde ihn
Wohl zu sehr erschrecken.

Darum ist das Land so still
Hinter Zaun und Hecke –
Alter, reg dich und wach auf,
Daß dein Kuß es wecke,
Daß dein roter Zungenkuß
Ihm durch alle Glieder
Fährt – und selbst die Sicherheit
Singt Wolf Biermanns Lieder.

Rudolf Bahro wird gewählt
In die höchsten Gremien
Der Partei, für Hermann Kant
Schreibt Kunert zahme Xenien,
Das ZK gibt Freibier aus –
Erich dreht die Leier
Im Palast der Republik
Zu Mickels Friedensfeier.

Bilder

Daß ich die Augen schließe
Die Sicherung rausdreh
Den Bildschirm zertrümmre
Was nützt es: Bilder
Regnen ins Zimmer, erweichen
Die Wände, den Schädelknochen
Mein Hirn, vor Augen die Hand
Seh ich nicht mehr, ich tappe
Im Bunten

Alfred Andersch *Rex Himmler*

Der Rex setzte sich nicht wieder hin. Er verließ seinen erhöhten Platz hinter dem Pult, stand eine Weile mit dem Klasslehrer Kandlbinder zusammen, die beiden Männer unterhielten sich flüsternd, die Klasse wurde unruhig, weil die Spannung vorbei war, und der Rex ließ sie gewähren, doch trat sofort wieder Stille ein, als er begann, zwischen den Bankreihen hin und her zu gehen, ein beleibter Mann in einem hellgrauen Anzug aus dünnem Stoff, dessen Jacke aufgeknöpft war, das weiße Hemd wölbte sich über seinem Bauch, noch immer glänzte die blaue Krawatte, tadellos geschlungen und gelegt, und hinter der Brille mit dem dünnen Goldrand blickten die blauen Augen wieder liebenswürdig, ja gütig, die Roßkastanie auf dem Schulhof filterte das Licht eines schönen Maitags auf die geschlossenen Fensterscheiben des Klassenzimmers, München leuchtete, der Rex leuchtete, und doch dachten alle, was Franz dachte: jetzt sucht er sich ein neues Opfer aus. Er überläßt es nicht mehr dem Kandlbinder, die Schüler aufzurufen, Mensch, dachte Franz jäh, da kann es ja auch mich erwischen, er erschrak bei der Vorstellung, der alte Himmler könne ausgerechnet ihn nach vorne holen, an die Tafel, um ihn in Griechisch zu prüfen.

Schon seit einer Weile dachte er *der alte Himmler*, nicht mehr *der Rex,* weil ihm, sogleich als der Schüler Greiff dem hohen Tier einen Namen gegeben hatte, – so, wie man einen Hund ja nicht *Hund* ruft, sondern *Hektor* oder *Buzi* –, eingefallen war, wie ihn sein Vater, als er ins Gymnasium eintrat, vor dem Oberhaupt der Schule gewarnt hatte.

»Oberstudiendirektor im Wittelsbacher ist der alte Himmler«, hatte er gesagt. »Vor dem nimm dich in Acht! Du wirst ja, besonders in den Unterklassen, kaum mit ihm zu tun haben, aber wenn, dann hüte dich, bei ihm unangenehm aufzufallen! Der Mann ist gefährlich!«

Das war nun schon gut drei Jahre her, und inzwischen hatte sich der Titel vor den Namen geschoben, der Rex war eben für die ganze Schule der Rex, nichts weiter. Übrigens hatte sein Vater ihm nie erklärt, warum er den *Mann* für gefährlich hielt. Franz hatte sich aber darüber gewundert, daß er ihn den *alten Himmler* nannte; der Rex war doch höchstens ein paar Jahre älter als Vater! Ehe er ihn deswegen befragen konnte, hatte er aber schon eine Antwort bekommen, vermittels eines Vergleichs, indem sein Vater

nämlich einen *jungen Himmler* erwähnte, der des Oberstudiendirektors Sohn war.
»Der junge Himmler ist schwer in Ordnung«, hatte sein Vater erzählt. »Ein ausgezeichneter junger Mann, ein Hitler-Anhänger, aber nicht einseitig, er kommt auch immer zu uns Ludendorff-Leuten und in die ›Reichskriegsflagge‹, von den jungen Kameraden, die bei uns aus- und eingehen, ist er der Gescheiteste und Zuverlässigste, ruhig, aber eisern entschlossen, Jahrgang 1900, deswegen konnte er nicht mehr Frontsoldat werden, aber ich glaube, im Graben hätte er bestimmt seinen Mann gestanden, so einen wie ihn hätte ich gern in meiner Kompanie gehabt, er ist mit seinem Vater tödlich verfeindet, der alte Himmler ist nämlich Bayerische Volkspartei, schwarz bis in die Knochen, hält sich zwar für einen nationalen Mann, aber im Krieg war er ein Etappenhengst, und er ist nichteinmal Antisemit, er findet nichts dabei, mit Juden zu verkehren, das muß man sich einmal vorstellen, mit Juden!, deswegen hat sein Sohn die Beziehungen mit ihm abgebrochen, der junge Himmler würde sich niemals mit Juden, Jesuiten und Freimaurern an einen Tisch setzen.«
»Der alte Himmler ist ein Karriere-Macher«, fügte er hinzu. »Hüte dich im Leben vor den Karriere-Machern, mein Sohn!« sagte er feierlich. »Er geht jeden Sonntag zum Hochamt in die Michaelis-Kirche in der Kaufingerstraße. Dort kannst du sie alle beisammen sehen, die in München zur Crème gehören wollen.«
Woher weiß er das, hatte Franz sich gefragt, während er sich die Auskunft anhörte, Vater ist doch Protestant, er hat meines Wissens noch nie eine katholische Messe besucht, die Kiens waren eine protestantische Familie, die Mutter war aus der katholischen Kirche ausgeschlossen worden, weil sie einen Protestanten geheiratet hatte, und ihre Kinder, – wie der Vater es verlangte –, protestantisch getauft worden waren. Franz Kien senior, – denn Franz hatte bei der Taufe den Vornamen seines Vaters erhalten –, war nicht nur Ludendorff-Anhänger und Antisemit, sondern auch gläubiger Lutheraner, er hat mich, ehe ich konfirmiert wurde, jeden Sonntag in den Kindergottesdienst in der Christus-Kirche geschickt, erinnerte sich Franz.
Damals, vor drei Jahren, hatte sein Vater noch lebhaft, temperamentvoll gesprochen, wenn er seinen Söhnen die Lehren seines Abgotts, des Generals Ludendorff, vortrug, mit metallischer, jeglichen Widerspruch ausschließender Stimme, die zu einem feurigen, zu hitziger Farbe neigenden Kopf unter den schwarzen Haaren

paßte, so daß sie Franz jedesmal beeindruckte, während er ihr zuhörte, – erst nachher kamen ihm Bedenken, Einwände –, jetzt, drei Jahre später, war diese Stimme matt geworden, überhaupt machte Vater auf Franz einen gebrochenen Eindruck, die Krankheit, an der er litt, hatte ihn verändert, er lag jetzt viel, seine Geschäfte gingen schlecht, und er zog nie mehr seine Hauptmanns-Uniform an, wenn er, zwar noch immer straff aufgerichtet, aber doch in Zivil, zu einer jener nationalistisch-militärischen Feiern ging, wie sie in München aus jedem nur erdenklichen Anlaß stattfanden. Nur die Ordensrosette in dem Knopfloch seines bürgerlichen Anzugs ließ erkennen, daß er im Kriege schwer verwundet und ihm das Eiserne Kreuz erster Klasse verliehen worden war.

Der Rex, wie er so zwischen den Bankreihen umherging, sah nicht aus wie einer, der irgendwann einmal ein Verwundeten-Abzeichen erhalten hätte. Gesund sieht er aus, dachte Franz, dick und gesund, auch wenn er keiner von den lustigen Dicken ist, er sieht nicht leidend aus wie Vater, dabei muß er nicht, wie ich gedacht habe, nur ein paar Jahre, sondern mindestens zehn Jahre älter sein als Vater, sechzig wahrscheinlich, wenn er einen Sohn hat, der doppelt so alt ist wie ich und der schon in der Politik mitmacht, jedenfalls sieht der alte Himmler gut erhalten aus, nur aus der Nähe sieht man, daß sein Gesicht nicht faltenlos ist, sondern aus tausend winzigen Fältchen besteht, aber seine Haut wirkt trotzdem glatt, so hell gerötet, wie sie ist, hell fleischrot unter den glatten weißen Haaren, alles an ihm ist hell, glatt, scheißfreundlich und so pieksauber wie sein weißes Hemd, aber ich mag ihn nicht; mein kranker Vater, der nicht mehr so stolz aussieht, wie er früher ausgesehen hat, ist mir lieber, sogar dann, wenn er einen seiner Jähzornausbrüche hat und herumschreit, weil ich in Mathe wieder eine Fünf geschrieben habe, dabei kann ich doch gar nichts dafür, daß ich in Mathe schlecht bin, und der blasse langweilige Kandlbinder ist mir immer noch lieber als dieser ungemütliche Bonze, nicht für viel Geld möchte ich dem sein Sohn sein, ich kann verstehen, daß sein Sohn mit ihm Krach bekommen hat und ihm davongelaufen ist, wenn er sich immer solche Sprüche hat anhören müssen wie den vom Sokrates –, daß eine Schallplatte mit der Stimme vom Sokrates das Größte wäre, was sich denken läßt. Und wie der Sokrates den Schierlingssaft runtergurgelt – würde der alte Himmler dabei auch zuhören können? Franz traute es ihm glatt zu. Oder Christus am Kreuz, die letzten Worte, – Franz' Phantasie geriet ins immer Ausschweifendere –, das wär's doch, was der Herr Oberstudiendirektor, der ja schwarz bis in die Knochen war, wie Vater behauptete, sich immer wieder auf dem Grammophon vorspielen würde, angenommen, sie hätten damals, auf dem Ölberg, schon dieses ›Vater, Vater, warum hast du mich verlassen?‹ aufnehmen können. Andererseits war der Rex ein Mann, der mit dem Zeigefinger kategorisch auf die griechische Grammatik weisen und erklären konnte: »Glaubt bloß nicht alles, was da drin steht!« Sokrates verehren und die Grammatik anzweifeln – wie brachte er in seinem Kopf denn das zusammen? Entweder hat er einen größeren Gehirnkasten als die übrigen Lehrer, Kandlbinder zum Beispiel, oder er war ganz einfach ein bißchen plemm-plemm.

Er kam jetzt den Gang entlang, an dessen Innenseite Franz Kien saß, und blieb neben ihm stehen. Franz wagte nicht, zu ihm aufzublicken, er hielt den Kopf gesenkt, nahm nur den mit dem weißen Hemd bespannten Bauch neben sich wahr, und eine Hand, auf der weiße – oder waren es blonde? – Härchen über ein paar braunen Altersflecken schimmerten, der Rex trug einen breiten goldenen Ehering an dem Ringfinger seiner rechten Hand, alle diese Beobachtungen stellte Franz nur an, in der verzweifelten Hoffnung, der Rex möge es vielleicht doch nicht auf ihn abgesehen haben, obwohl er doch bei seinem Pirschgang neben Franz innegehalten hatte, ein Jäger, der ein Knacken in Unterholz gehört hat.

Und wirklich schien das Stoßgebet, das sich in Franz' starrem Wegblicken von dem Gesicht des Rex ausdrückte, etwas genützt zu haben, denn der Rex wandte sich nicht an Franz, sondern an den neben Franz sitzenden Hugo Aletter, aber nicht, um ihn zur Prüfung aufzurufen, sondern nur, um mit der Hand, an welcher der goldene Ehering glänzte, an Franz' Gesicht vorbei, auf Hugo zu weisen.

»Nimm sofort das Abzeichen von deiner Jacke!«, sagte er scharf.

Hugo hatte sich vor ein paar Wochen aus dünnem vergoldetem Blech ein Hakenkreuz zurechtgeschnitten, es war ihm gut gelungen, und er trug es mit Stolz auf dem Revers seiner Jacke. Viel hatte es nicht zu bedeuten, wie Franz wußte, Hugo trug es nur, weil ihm das Zeichen gefiel und weil seine Eltern, die deutschnational waren, wie fast alle Eltern der Gymnasiasten, nichts dabei fanden. Ja, wenn er sich das richtige Parteiabzeichen der Hitler-Leute verschafft hätte, ein rundes Ding aus Emaille, hätten sie es ihm weggenommen, das wäre ihnen doch zu weit gegangen, auch nicht passend erschienen für sein Alter, aber so eine kleine Bastelei ließen sie ihm, sie war bloß ein Symbol, eine Buben-Spielerei.

Franz sah – erleichtert, weil die Aufmerksamkeit des Rex also nicht ihm galt –, zu Hugo hinüber, er beobachtete, wie sich Hugos blasses pickeliges Gesicht verfärbte und wie er hastig, beflissen das Hakenkreuz von dem Stoff nestelte und es in die Jackentasche steckte.
Der Rex ließ den Arm sinken. Er wandte sich an den Klasslehrer, der von seinem Platz vorne an der Tafel offenbar nicht loskam. Er steht da wie festgepappt, dachte Franz.
»Es ist Ihnen doch bekannt, Herr Kandlbinder«, sagte er, »daß ich an meiner Schule keine politischen Abzeichen wünsche.«
Er hatte alle gemachte Höflichkeit abgelegt, redete den Studienrat nicht mehr mit ›Herr Doktor‹ an.
»Ich habe die Schüler immer wieder darauf hingewiesen«, erwiderte Kandlbinder.
»Tz, tz, tz!« Der Rex fand endlich wieder Gelegenheit, seinen berühmten, jegliches weitere Gespräch ausschließenden Schnalzlaut anzubringen, der immer wie ein Peitschenknallen klang. »Dann werde ich es also am Schwarzen Brett nocheinmal bekanntmachen. Daß man immer alles wiederholen muß! – Keine politischen Abzeichen!« rief er aus, jetzt wieder über die Köpfe der Schüler hin. »Möglichst überhaupt keine Abzeichen! Laßt euch das gesagt sein!«
Es klang glaubhaft. Er meinte also nicht nur Hugos Hakenkreuz, wenn er das Tragen von politischen Abzeichen, von Abzeichen überhaupt, verbot. Obwohl ihn das Hakenkreuz sicher besonders ärgert, dachte Franz, weil er ihm die Schuld daran gibt, daß er mit seinem Sohn verfeindet ist, tödlich verfeindet sogar, wie Vater sagte. Sie verkehrten nicht mehr miteinander, der alte und der junge Himmler. Allerdings bezweifelte Franz, daß der Sohn des Rex nur deswegen von Zuhause weggelaufen war, weil er ein Hakenkreuzler geworden war. Vielleicht war er ein Hakenkreuzler geworden, weil ihm der Alte so auf den Kasten ging, daß er es bei ihm nicht mehr aushielt.

Da staunt der ›Spiegel‹

FRITZ TEUFEL: Ich habe die Perspektive im Auge, nicht den Ist-Zustand.
SPIEGEL: Ah, so.
TEUFEL: Es gibt natürlich gesellschaftliche Tendenzen in Richtung Barbarei.
SPIEGEL: Uns kommt es vor, als hätten Sie für terroristische Gewalt rein gar nichts übrig, scheuten sich aber, das klipp und klar zu sagen.
TEUFEL: Ich sage nicht, Gewalt in der politischen Auseinandersetzung ist Pfui oder gar, die darf immer nur von oben, von den Herrschenden ausgeübt werden. Aber ich bin auch kein Trommler für die Stadtguerilla.
SPIEGEL: Was ist denn nun Ihre Position?
TEUFEL: Ich will es mal so formulieren: Die Vernünftigen müssen militanter und die Militanten vernünftiger werden. (›Spiegel‹, 3. 11. 1980)

Thomas Bernhard *A Doda*

Einsame Landstraße in Oberoberbayern.
Zwei Frauen nach dem abendlichen Rosenkranzbeten in der Kirche auf dem Heimweg. Es ist fast finster.
Erste Frau ist stehengeblieben
Schaugn S schaugn S
kemman S schaugn S
da liegt was
a Doda
zieht ihre Begleiterin an sich
Schaugn S
a Mensch
segn S
da liegt a Mensch
da schaugn S
da
zwischen de zwoa Bam da
schaugn S
segn S da
beide starren hin
Des muass grad gschehn sei
und gar koa Verkehr
schaut zurück und dann wieder auf die Stelle zwischen den zwei Bäumen
Na so was
Wia ma herganga san
is da no nix glegn
übahaupts nix
übahaupts koa Vakehr
Zweite Frau Aba der is ja zuadeckt
Erste Frau Mit an Packpapier
Den hat scho wer zuadeckt
sie will einen Schritt vorwärts machen, aber ihr Gebetbuch hindert sie daran
Gehn Sie nehman S mei Betbuach
kennan Ses net nehma
nehman Ses da
die zweite Frau nimmt das Gebetbuch der ersten an sich
Erste Frau Wia mia hergangan san

is da übahaupts nix glegn
gar nix
Oder ham S was gsegn
wia mir hergangan san
Zweite Frau Na
Erste Frau Überhaupts nix
des kann i beschwörn
des muass grad gschegn sei
oder ham S was gsegn
ham S was gsegn vielleicht
Zweite Frau Na
Erste Frau Ich hab nix gsegn übahaupts nix
Zweite Frau Und gar koa Vakehr net
Erste Frau Des muass grad gschegn sei
wia mia in da Kircha drin gwen san
Segn S der is zuadeckt
den hat scho oana zuadeckt
Zweite Frau Mit an Packpapier
Erste Frau De wern oiwei zuadeckt
de Dodn
mit an Papier
Zweite Frau Mit an Packpapier
Erste Frau Der is mit an Packpapier zuadeckt
na so was
kemman S nur kemman S
sie zieht ihre Begleiterin mit sich
Se brauchan eahna net füachtn
Dode dan nix
Zweite Frau zögert zuerst, nähert sich dann aber doch, wenn auch widerwillig, dem Tatort
Erste Frau I hab scho sovui Dode gsegn in mein Lebn
i füacht mi net
Segns der is zuadeckt
mit an Packpapier
Aba wiaso hams denn den liegnlassn
wann s n scho zuadeckt ham
Den hat ja scho oana zuadeckt
segn S
Zweite Frau Ja
Erste Frau Mit an Packpapier
Zweite Frau Ja

Erste Frau Den muass scho oana gsegn ham
sonst wa der ja net zuadeckt
Den hat oana zsammgfahrn
und dann hatn oana zuadeckt
Zweite Frau Mit an Packpapier
Segn S
Erste Frau A so a gross Packpapier
Zweite Frau Ja
Erste Frau Da is oana mit an Packpapier vorbeikemma
Zweite Frau Den hams zsammgfahrn
und dann is oana mit an Packpapier vorbeikemma
a so a gross Packpapier
Erste Frau Schaugn S
Segn S de Füass
da
de Füass
hint segn S
hint schaugn de Füass aussa segn S
Zweite Frau Ja
Erste Frau A Mo
A Mo is
A Mo is des
Zweite Frau Ja a Mo
Erste Frau Des is a Mo
kemman S kemman S
füachtn S eahna net
a Mo
Zweite Frau A Mo
Erste Frau Na so was
Zweite Frau Vielleicht kennan man
Erste Frau kemman S
kemman S nur
Zweite Frau vielleicht kennan man
den Mo
A Doda is aber was greisligs
Erste Frau A wo
i hab schon so vui Dode gsegn
kemman S
Se brauchan eahna net füachtn
kemman S nur *sie zieht die zweite Frau mit sich*
Man muß dem Dod ins Angesicht schaun

hat mei Vata oiwei gsagt
kemma S nur
Sie brauchen eahna net füachtn
gehn S nur sche mit mir

Zweite Frau Und überhaupts koa Vakehr net

Erste Frau So stad ois
na so was
sie schaut sich um, ob auch kein Auto kommt und sie vielleicht umfahren könnte beide
Nix nix kimmt
gar koa Vakehr net
sie packt ihre Begleiterin und stürzt mit ihr mutig zu dem Toten hin, enttäuscht
Des is ja goa koa Doda
sie läßt die Begleiterin los
Na so was
schaugn S
des is a Papierrolln
de hat oana valorn
von an Lastwagn
schaugn S
a Papierrolln
sie berührt mit ihrem schwarzen Trachtenschuh die Papierrolle
a Papierrolln
a Papierrolln sonst nix
segn S
schaugn S
schaugn S o
a Papierrolln
und ich hab glabt a Doda
und dawei is des bloss a Papierrolln
na so was
sie bückt sich und nimmt die große Papierrolle in Augenschein
A Papierrolln is
sie will die Papierrolle auseinandernehmen, aber die Papierrolle fällt blitzartig von selbst auseinander

Zweite Frau Na so was
aufschreiend lauta Hakenkreuz

Erste Frau Na so was
Des san ja de Plakade
de was mei Mo o schlagn hat wolln

in da Nacht
de Hakenkreuzplakade vastengan S
Zweite Frau Lauta Hakenkreuz
na so was
lauta Hakenkreuzplakade
und mia ham gmoant
a Doda is
lauta Hakenkreuzplakade
Erste Frau A so a Depp mei Mo
wütend valiert er de Plakade
wo i eahm gsagd hab
er soi s recht festbindn auf n Moped
a so a Depp
a so a Depp mei Mo
De hätt ich ganz anders obundn
a so a Depp
gehn S
nehman S de Plakade
nehman Ses da
nehman Ses
sie heben die Plakate auf und stellen sich damit an den Straßenrand
Erste Frau Wann oana kimmt
und uns mitnimmt
oiwei kimmt oana
und grad heut kimmt koana
Wann S eahna z schwa werd
sagn Ses
Kemman S
Gebn S ma ruhig s Betbuach
des trag i scho
Und in da Nacht
pick i de Plakade selber überoi nauf
A so a Depp mei Mo
Kemman S
kemman S nur
a so a Depp mei Mo
Kemman S
kemman S nur
a so a Depp
sie schleppen die Plakatrolle nach Hause.

Peter Weiss *Das Richtige, verschwommen*

Heilmann an Unbekannt. Versuche, aus dem dichten Gewebe einiges hervorzuholen, von dem sich ablesen läßt, was uns widerfahren ist. Auch wenn ich glaubte, Einsicht zu haben in vieles, ist alles jetzt so ineinander verschlungen, daß ich nur winziger Fäden habhaft werden kann. Du, an deinem Ort, besitzt größern Überblick, kannst vielleicht einmal, wenn dich meine Zeilen erreichen sollten, die Zusammenhänge deuten. Coppi ist in der Festung, in der wir uns jetzt befinden, besser zu Hause als ich, war ja schon einmal hier, ehe wir noch gemeinsam nach Herakles suchten, in unserm Lebensfries. Wir sehn uns nicht, keine Runden im Hof mehr, werden uns erst wieder treffen zu dem einen Gang, den wir noch anzutreten haben. Draußen, im Hof des Block Drei, das niedrige Gebäude, Ziegelstein, vorn vier Fenster, Rundbögen, vergittert wie alles, zwei Tore zu den Räumen rechts und links von der Stätte. Am dreißigsten August war es, früh morgens, Neunzehnhundert Zweiundvierzig, das Jahr nenn ich, weil noch viel Zeit vergehn kann, ehe das, was ich schreibe, wenn überhaupt, in deinen Händen ist, und sich die Jahre dann nicht mehr so leicht voneinander unterscheiden lassen, Sonntag war es, warm, licht, frei alles, wie zu Ferienzeiten. War die Reichsstraße hinuntergelaufen, du erinnerst dich an die Doppelreihe der Bäume in der Mitte, an den Steuben Platz, die Station der Untergrundbahn Neu Westend, ringsum die Alleen, Eschen, Platanen, Ulmen, Akazien, diese Schluchten zwischen den neuen, weißlich gelben Häusern, diese Tiefen von duftendem Grün. Ein Stück weiter, an der Ecke der Altenburger Allee, die Sachsenplatz Kneipe, wir gingen nie dran vorüber, ohne des Ringelnatz zu gedenken, der hier, bis zu seinem Tod, gesessen hat, Coppi war ihm noch begegnet, der kleinen, wie aus Holz geschnitzten Figur, mit der großen gewölbten Nase, dem vorstoßenden Kinn, torkelnd, vor sich hin murmelnd. Wäre ich in der Stadt gewesen, als er noch lebte, ich hätte doch nicht gewagt, ihn anzusprechen, obgleich ich als Zehnjähriger schon seine Gedichte liebte. Auch einer aus dieser phantastischen Galerie des Vergangnen. Für uns ist alles jetzt Vergangenheit. Nur eine Nacht noch. Weiter. Altenburger Allee Nummer Neunzehn. Wir hatten die hohen Blöcke aufwachsen gesehn, das Gelände zur Spandauer Chaussee stieg hier an, Sand wars, von den Spreedünen, bis ins Grundwasser gingen die Ausschachtungen, mit Pfählen gestützt wurden die Keller, wir kamen dran vorbei, auf unsern Streifzügen, nach Ruhwald, über die Golffelder, in Richtung Fürstenbrunn, Siemensstadt. Fünf Treppen rauf, zum obersten Stockwerk. Vom Fenster weiter Blick hinüber nach Spandau. Vor der Helligkeit der Mansardenfenster zerfloß sie fast. Sie hatte mir gleich geöffnet, hatte hinter der Tür gestanden, gewartet. Kann dir ihr Gesicht noch nicht beschreiben. Jetzt ist sie nur wenige Schritte von mir entfernt, unerreichbar. Habe sie schreien hören, als einzige, von den andern kein Laut. Sonst eine ungeheuerliche Stille. Früher am Abend noch krachende Türen, Gedröhn auf den eisernen Laufgängen. Das nächste Mal, wenn die Tür geöffnet wird. Also trat ich ein, in das blendend weiße Zimmer. War außer Atem, kam von der Hölderlinstraße, wohnte dort immer noch, bei den Eltern, nichts hat sich in meinem Zimmer seit unsrer Zeit verändert. Nur Bücher waren hinzugekommen, Fachliteratur vor allem, Ökonomie, Geschichte, Politik, meine Mutter hat von allem nichts gewußt. Aber der Vater, du entsinnst dich doch, wie wir uns einmal stritten, du warst ihm verdächtig, Coppi war ihm verdächtig, er wollte mir den Umgang mit euch verbieten. Und auf wen berief ich mich. Auf Rimbaud. Weiß nicht mehr, warum. Libertas war rückwärts hineingegangen in das Leuchten. Sie trug gern diese langen, dünnen, hemdengleichen Gewänder, die den Hals, viel von den Schultern, der Brust, bloß ließen. Ich habe sie nie geküßt. Wir sind doch Moralisten geblieben. Wir hatten von der Freiheit der Sinne gesprochen, hatten geglaubt, daß der Mensch, der für die Revolution lebe, sich ihr mit Körper und Seele hingeben müsse, daß seine Empfindungen nichts unberührt lassen dürften, und wie ergriffen wir auch immer waren, wir kamen doch nie aus dieser sonderbaren Reinheit heraus. Trotz Hölderlin, trotz Rimbaud haben meine Regungen es nicht vermocht, über ihre Grenzen hinwegzugehn. Vielleicht bin ich ein Kind geblieben. Nein, ich habe Begehren gespürt. Aber eine Anfordrung war da, die war so hoch, daß ich nichts Halbem, Notdürftigem nachgeben wollte. Schon damals, es sind nun fünf Jahre her, seitdem wir in dieser Stadt umhergingen, hatten wir andres zu tun, als dort im Scheunenviertel, im dritten oder vierten Hinterhof an der Linienstraße, wo noch Gaslaternen brannten, wo man sich Wasser von einer Pumpe am Randstein holte, in diesen Ziegenstall zu kriechen, wo manchmal einer der jungen Arbeiter, ohne eignes Zimmer, mit seinem Mädchen im Stroh lag. Es war nicht Keuschheit oder religiöse Neigung, wie ihr sie mir einst vorgeworfen habt, es war immer nur das andre Verlangen, das mich überwältigte, das Verlangen, mitzuarbeiten an den Grundlagen, an den Grundlagen des Gemeinwesens der Gerechtigkeit. Ich kann es nicht anders ausdrücken. Ich weiß jetzt nicht einmal, wie diese Ordnung aussehen sollte, vielleicht bin ich immer noch irgendwo bei Fourier, Louis Blanc, Blanqui, auch wenn ich mit meiner Arbeit so weit wie überhaupt nur möglich vorgeschoben im Gegenwärtigen saß. Ebensowenig kann ich etwas aussagen über meine Vorstellungen von dem Land, für das ich gekämpft habe, und dem ich jetzt erliege. Es ist ja längst, als Nation, nicht mehr da, muß erst wieder erschaffen werden. Oder besser, es ist da in vielen einzelnen Menschen, von denen die meisten verschwinden, wenige nur überleben werden. Und es ist da in euch, die ihr seit langem draußen seid, die ihr in der Fremde etwas davon weitergebt, und vielleicht einmal zurückbringt. Die meisten von uns, die jetzt erledigt werden, lassen keine richtungweisenden Bekenntnisse zurück. Was wir greifen wollten, ließ sich nie beweisen. Nur Mittelmäßiges konnten wir darüber aussagen. Zwischen uns waren Wissenschaftler, Künstler. Auch ihr Geist reichte nicht aus, um die Welt von unserm Vorhaben zu überzeugen. Ein Bildhauer war dabei, dessen Werk war gering, und ein Schriftsteller, dessen Gedichte und Romane nicht in die Literaturgeschichte eingehn werden. Dennoch arbeiteten sie nicht weniger leidenschaftlich als jene, die vielleicht verschont bleiben und euch etwas hinterlassen, das euch bereichert. Was ich damit meine, das ist, daß sich ihre Leistungen nicht nach erkennbaren Maßstäben bewerten lassen, daß einmal eine neue Waage erfunden werden muß, auf der sich das Gewicht ihres Lebens beweist. Vor ein paar Monaten noch hatte ich es als schade empfunden, nichts mehr wissen zu dürfen von dem, was anbrechen wird, nun genügt es mir, daß ich nie etwas andres getan habe als das, was ich für richtig hielt, auch wenn das Richtige in diesem Augenblick schon wieder verschwimmt.

Thomas Brasch *Van der Lubbe, Terrorist* (Niemandsland)

Holland-Deutschland: über diese Grenze
ging er eine Arbeit suchen
als ein Handwerker seinen Beutel auf
dem Rücken, ohne Abschied
aus dem kleinen Dorf. So
kam er durch den Zoll ins fremde Land:
hier ist jeder seinem Nachbarn unbekannt.

Zwischen arbeitslosen Lebensmüden Obdach
nah dem Alexanderplatz buchstabierte er
in fremder Sprache TOD DEM FÜHRER schon in Neukölln
rief er Tod dem Führer, aber rief
in taube Ohren, weil, das hörte er:
Gegen Krieg kann nicht einer was allein machen,
noch dazu ein Fremder: die Regierung hat den größren Rachen.

Von dem Bett im Obdachlosenheim zwischen
grauen Laken aus dem Fenster sah er hinterm
Reichstag stehn den Krieg mächtig wie ein Feuerrad: die Gesetze
bringen es in Schwung, Feigheit dreht es, Wirtschaft
treibts voran: Das sagt der Holländer
van der Lubbe und sie sehn ihn schwanken
Oder nur weil ich keine Frau habe denke ich feste Gedanken.

Weiter, sagte sich Marinus, Was warum ich tue das
geht keinen an, wenn ich es allein tun muß, jetzt
muß Brennstoff her, daß die Luft kocht, er
warf ölgetränkte Lappen in
die Keller, stand
mit glücklichem Gelächter
vor dem gleichgültigen Wächter.

Zeitungen melden seine kleinen Feuer und
Streit zwischen den Parteien. Zeitungen
zerknüllt unter der Matratze. Er
starrt zur Decke, denkt an Rückkehr jetzt
vom Obdachlosenheim in

das Haus unterm gelben Strohdach dort im fernen Dorf:
Weg aus dieser Stadt Berlin, zurück zum Torf.

Aber bleibt und tut weiter seine Arbeit jetzt
um den Reichstag: Der soll brennen, denn
das Feuerrad da hinten sieht wohl keiner. Nur
Marinus van der Lubbe, der gefallen ist unter
stumme Blinde, die
haben ihre Stimme abgegeben
Abgeordneten die ängstlich ihre Hände heben

: Die Geschichte spielt in meiner Stadt,
die der Krieg zerschnitten hat
und aus tausend Häuserwunden
Blut noch heute alle Stunden
Unterm Pflaster seufzt und stöhnt
Totes das sich nicht gewöhnt
an den Tod Und drüber fährt
feiges Volk das sich nicht kehrt
weiter taub und blind und stumm
Staat macht Angst und Angst macht dumm:

Februar 27. brennt das Regierungshaus.
Van der Lubbe atemlos läuft durch die Säle, rote Feuer
spiegeln sich in seiner Kinderfratze, er findet
einen Ausgang noch zum Reichstagsufer steht:
Seht meine Arbeit, die zum Himmel brennt:
Seht die Flamme aus dem Krater brechen:
Jetzt laßt uns den Staat wegstechen.

Keine Antwort nur die Autos fahren hin und her:
schon zwei Stunden später ist er festgenommen,
abgefahren, vorgeführt, Personalien festgestellt:
Name, Wohnort, Auftraggeber. Van der Lubbe lacht:
Eigner Auftrag, das versteht kein Polizist.
Staunend stehn sie an den Türen:
Dieser Brand soll ein größres Feuer schüren.

Keiner handelt ohne Auftrag, sagen alle im Gericht,
auch die angeklagten Kommunisten
nennen ihn das Werkzeug der Faschisten,

die ihn aber auch durchschaun
und dem Roten in die Fresse haun.
Van der Lubbe versteht jetzt garnichts mehr:
Und das Volk. Als ob nichts geschehen wär.

So ist van der Lubbe abgetreten:
Wie ein Spieler von der Bühne:
Die verbrannte sechseinhalb Jahre später
wie er es voraussagte am Alexanderplatz.
Keiner glaubte ihm den eignen Auftrag: noch
als sie ihn auf den Richtplatz führen, zeigen sie auf ihn:
Seht die Puppe, an der Unbekannte ziehn.

Deutschland-Holland: An der Grenze
steht ein Zug. Im letzten Wagen
liegt ein Sarg: Darin Van der Lubbe
ohne Kopf. Den haben sie ihm abgeschlagen
für die Arbeit, die er sich im eignen Auftrag gab.
Was gings den an, sagt der Zöllner, hebt die Hand:
Abfahrt: Abfahrt hat der Zug aus Niemands Land:

TV-Notiz: Die Gleichheit vor dem Gesetz

Die Richter im Prozeß Croissant, Stammheim,
erfahre ich mit Genugtuung, beantragen,
daß nach den Anwälten jetzt
auch ihnen in die Hoden gegriffen werde vor
Betreten des Sitzungssaals, damit
sie sicher seien, daß Dynamit nicht
eingeschleppt werde und nicht gebeugt
der Rechtsstaat. Im Anus auch keine Handfeuerwaffen.
Um den Gedanken abzuweisen, die fühlende Polizei regiere
die dritte Gewalt, da sie die Richter abfühle,
schlagen die Richter vor, sie zuerst fühlen
den Polizisten die Hoden ab,
ehe diese ihnen, denn
Rechtsstaat gehe vor Polizeistaat und
gleich seien alle bekanntlich vor dem Gesetz und
hinter ihm.
Benachteiligt sehe ich noch die Staatsanwälte.

HEINAR KIPPHARDT

Rolf Hochhuth
Zensur in der Bundesrepublik Deutschland

Jedesmal, wenn in der DDR oder in Moskau oder in Prag schändlicherweise wieder ein Schriftsteller inhaftiert oder ausgewiesen wird, frohlocken in der Bundesrepublik die in Bonn regierenden Kulturabstinenzler wie Zöllner und Pharisäer, weil sie nicht so sind »wie diese da«.
Zugegeben, sie sind nicht so: schon deshalb nicht, weil sie sich das ganze Jahr um die Vorgänge im geistigen Haushalt der Nation nicht scheren – eine Ignoranz, die sie auch noch aus dem Grundgesetz »begründen«. Belästigung durch Kultur verstehen sie nicht als ihre Angelegenheit, sondern als Sache der Kultusminister der Länder, die keiner auch nur dem Namen nach kennt, weil sie eben keinen Namen haben. Gegenbeispiel: De Gaulle war kaum an der Macht, da holte er den neben Sartre renommiertesten Autor Frankreichs, seinen einstigen Gegner Malraux, als Kultusminister nach Paris. Er hatte das Bedürfnis, seine Regierung auch an Kunst und Kultur, an die bleibenden Traditionen Frankreichs zu binden. Die Bonner dagegen, die in ihren Gründungsjahren immerhin noch einen Schriftsteller, Wilhelm Hausenstein, zum Botschafter in Paris ernannt hatten, scheinen seit dem Abgang von Heuss nur bemüht zu sein, BRD als Kürzel für Banausenrepublik Deutschland dem gleichgültigen Schulterzucken aller Welt auszuliefern. Dieser Staat ist für seine Nachbarn allenfalls so interessant wie eine Bank, man geht halt hin, weil's da Kredit gibt! Aber niemand liebt sie, keinem ist sie eine Reise wert – diese Hauptstadt, die nur belegt, daß Haupt und Kopf keine Synonyme sind: diese einzige Metropole in der Welt, neben ihrer »geistigen« Mutter Washington, die keiner Akademie Wohnrecht gibt, keinem namhaften Künstler oder Gelehrten. Sie hat zwar soviel Geld wie der Schweizer Bankverein, hat aber in dreißig Jahren – und das ist historisch beispiellos in der Geschichte der deutschen Hauptstädte, selbst wenn man sämtliche Duodez-Residenzen mitzählt – nicht ein kulturelles Ereignis hervorgebracht, zu dem irgendein Mensch in der Welt auch nur einen Lidschlag lang hingeschaut hätte. Kein Stück Architektur hat Bonn geschaffen, kein Denkmal von Rang enthüllt, für die Juden etwa oder, Gott behüte, gar für nichtjüdische Nazi-Opfer. Keine Oper- oder Theaterinszenierung, keinen Literaturpreis, keine Kunstaus-

stellung von Rang hervorgebracht. Kein Mann lehrt an seiner Universität, der je etwas Aufschreckendes gesagt hätte!
Fiele unsere Bon(n)zen je der Gedanke an, es könnte fragwürdig sein, daß ihre *Tagesschau* so kulturfeindlich ist wie sie selber – die österreichische beispielsweise stellt jeden Abend fünf Minuten lang eine Neuerscheinung des Buchmarktes vor –, so würden sie es mit »Liberalität« begründen, daß sie niemals hinschauen auf das, was Künstler tun. Oder sie würden sich auf das Grundgesetz berufen, dessen Versprechen: »Eine Zensur findet nicht statt«, allerdings von Anfang an mißachtet wurde. Dagegen war es stets nützlich, zu »bedauern«, daß die Bundesregierung sich nun einmal – laut Grundgesetz, bitte – nicht mit Kultur befassen dürfe. Eine plumpe Ausrede, denn schließlich war ein Wissenschaftsministerium von den Grundgesetz-Schneidern ebenfalls nicht eingeplant. Daß es inzwischen trotzdem einen solchen Minister gibt, geht auf das Bedürfnis der Regierenden nach einem Haus in Bonn zurück, das sich mit Wissenschaft abgibt. Nach einem Haus, das den schönen Künsten und der Literatur – die freilich nicht immer »schön« ist, wo sie gut ist – in Bonn nicht nur Heimatrecht, sondern Mitsprachepflicht oder gar Aufträge, Ideen und Impulse gäbe – nach einem solchen Haus hat keiner unserer Mächtigen sich in dreißig Jahren nur dreißig Sekunden gesehnt ...
»Verstehen« doch unsere Machthaber unter geistiger Freiheit, daß sie sich in Kabinetten, in Bundes- und Landtagen, als Stadt- oder Dorfschulzen durch Vergabe wahnwitzig übertriebener und ziellos verteilter Subventionen von der Nötigung freigekauft haben, selber einmal zu einem Künstler, einem Kunstwerk Stellung zu nehmen, es zu kritisieren oder gar zu verteidigen. Nicht, daß sie nie über Bücher redeten, nein: Professor Carstens war kaum Präsident, da tat er kund auf die zudringliche Reporterfrage, ob er lese: »Ja, den David Copperfield.« Nun sollte tatsächlich jedermann als Erwachsener dieses Meisterwerk wieder einmal lesen; doch hatte der Reporter wohl gehofft, und mit ihm alle Zuschauer, seine bislang einzige Äußerung zur Kunst überhaupt – nicht eben sehr viel nach jahrzehntelangem öffentlichen »Wirken«: *eine* Äußerung zur Kunst – endlich vergessen lassen durch ein Wort von Heuss-Niveau. Carstens hatte früher bekanntlich dem Nobelpreisträger Böll angehängt, der predige Terror »unter dem Pseudonym Katharine Blüm«. Womit Carstens zwar nichts über Böll ausgesagt hatte, wohl aber über sich, der er die (auch noch falsch zitierte) Titelfigur eines Bestsellers für ein Pseudonym des Autors hielt ...

(Dagegen hat Oswald Spengler Hitler immerhin nachsagen können: »Der Führer hat von meinem Buch den ganzen Titel gelesen.«)
Daß unser Mann an der Spitze sich nie mehr durch Beschäftigung mit einem lebenden Künstler bloßstellen will, hat er anderen Männern in Spitzenpositionen abgeschaut: so hat Barlog, dreißig Jahre lang Chef der Berliner Staatstheater, nicht ein einziges Mal selber eine Uraufführung inszeniert – getreu dem Motto: das Risiko für andere, dann bleibt man selber oben!
Ist also die BRD schlechthin der Idealstaat, was die Zensur betrifft? Politiker, die Zeitgenossen nicht lesen, können sie ja nicht zensieren. Aber Regisseure, die Zeitgenossen nicht spielen?
Sie bilden *eine* mächtige Crew innerhalb der Kunstkommissare, die Bund, Länder und Gemeinden sich halten, um den Inhaber unseres Staates – der ja identisch ist mit den Inhabern der Theater – gegen neue, gegen rebellierende, gegen kritische Kunst abzuschirmen. Diese intellektuellen Hiwis und Amtsträger in den Anstalten der sogenannten »öffentlichen Hand« sind die deutschen Vorstehhunde, die den Parteifunktionären die Bewachung des Fernsehens und der Theater, auch des Funks, vor rebellierenden Künstlern abnehmen. So wenig ein Hund jemals die Hand beißen wird, die ihm das Futter hinhält, so wenig beißen in die »öffentliche Hand« jene, die von ihr allmonatlich gefüttert werden – gefüttert mit Intendanten- und Redakteursgehältern und Altersversorgungen, deren Höhe jeden verhöhnt, der sich als vogelfreier Künstler finanziell durchzukämpfen hat. Dies ist der Grund, dies allein, daß die Bundesrepublik in drei Jahrzehnten kein einziges Drama hervorgebracht hat, dessen kritischer Gegenstand sie selber ist. Nur Privattheater könnten so etwas aufführen, doch die wurden durch die staatlichen und städtischen Bühnen vernichtet – Folge einer Mißachtung des Grundgesetzes durch die Behörden.
Diese bundesdeutschen Majestäten schreien selten nach dem Staatsanwalt, wenn sie einen Anwalt gegen die Kunst »benötigen« – denn sie sind immerhin schlau genug, niemals selber den Zensor zu spielen. Sie verlassen sich in aller Ruhe auf die von ihnen inthronisierten Kunstkommissare auf den Kommandobrücken der Massenmedien: auf ihre meist sogar parteibuchlosen intellektuellen Hiwis, die als Kunstbeamte vom Staat oder von den Städten mit allen Sicherheiten für ihre Person und ihre Witwen eingekauft werden – Intendanten, Direktoren, Dezernenten vor allem des Fernsehens, der Städte, des Theaters, des Funks und ihre unter

dem Baldachin der Sekurität gut lebenden Mitläufer und Pflichtlinge in Redaktionen und Dramaturgien. Diese Leute – die zumeist Gehälter einstecken, deren Höhe diesen Gehältern Bestechungsfunktionen gibt – reagieren nur zu oft ihre Enttäuschung, selber gescheitert zu sein mit Manuskripten oder Kompositionen, an jenen Lebenden ab, die sich zwar durch ihre Werke einen Namen, aber kein Amt erringen konnten, die abhängig blieben von den Pfründeninhabern, von jenen, die allein darüber entscheiden, ob lebende Künstler vorgezeigt oder totgeschwiegen werden. So haben, was wenig bekannt ist, die ach so christlichen Funktionäre des Bayerischen Rundfunks in den Nachkriegsjahren Karl Valentin buchstäblich verhungern lassen, indem sie dem genialen Mann immer wieder beteuerten, von 105 Valentin-Tonbändern im Besitz des Rundfunks sei keines mehr sendefähig, weil Valentin »nicht mehr komisch« sei. Zuletzt hat Karl Valentin, um seinen von demokratischen Kunstkommissaren über ihn verhängten Hungertod hinauszuzögern, versucht, in Münchner Haushaltswarengeschäften selbstgeschnitzte Holzlöffel zum Weiterverkauf anzubieten. Barlach wurde von den Nazis, Valentin von Demokraten ausgehungert.
Daß sie selber, unsere Herren, nicht vorgezeigt werden wollen als jene Komödienfiguren, als die eine Nachwelt sie sähe, hätten sie Nachwelt, ist begreiflich. Daß sie aber auch Filme wie den über Höß, den Durchschnittsbürger von Auschwitz, nicht einmal Schülern zeigen lassen und vor keinem Parlament begründen müssen, warum sie eine solche meisterliche Aufklärungsarbeit unterdrükken, die längst in 16-Millimeter-Kopien vorliegt, so daß der Vorführung in Schulen nichts im Wege steht als der Bayerische Kultusminister Maier, liegt genau auf dem Wege, der zum Wegdrücken der *Holocaust*-Serie aus dem ersten und zweiten Fernsehprogramm ins dritte geführt hat. Dieses Sich-Winden und Losschwindeln erstens von der nationalen Verpflichtung, selber einen solchen Film zu machen, den wir Deutschen der Welt schuldig gewesen wären, und zweitens von der Verpflichtung, ihn wenigstens der Nation zuzumuten, die Holocaust veranstaltet hat, war so würdelos wie die deutschen Krokodilstränen über die (logische) Teilung jenes Landes, das viermal in hundertsechzig Jahren auszog, das Nachbarland Polen nicht nur aufzuteilen, sondern durch Teilung buchstäblich verschwinden zu lassen!

Genau vor hundert Jahren, 1880, hat Anzengruber gesagt, was wortwörtlich heute Dorst, Weiß, Kipphardt, Walser, Enzensber-

ger, Dürrenmatt, Frisch, ich, Henkel, Forte sagen könnten: »Wir haben keine Bühnen mehr.« Einigt man sich darauf, daß momentan Handke, Bernhard und Botho Strauß die von den Theatern meistrespektierten Bühnenautoren sind, so zähle man nach, wie viele der deutschsprachigen Bühnen die drei spielen: weniger als *zwei* Prozent ... Mit einem Satz: Da Städte und Staat die Intendanten haben, brauchen sie keinen Zensor, der zeitkritisches Theater aushungert! Würden die hier genannten, immerhin namhaften unter den Bühnenautoren, sich nicht Nebeneinnahmen erschreiben oder sich hin und wieder den Fernsehgewaltigen anbequemen – es könnte keiner von ihnen die Schulmilch für seine Kinder bezahlen. Nur Kroetz bildet momentan die regelerhärtende Ausnahme.
Hatte die bundesdeutsche Zensur zur Zeit Adenauers fast nur »die Sitte« im Sinn, da es politische Literatur damals beinahe nicht gab, so hat sie heute fast nur mehr ein Ziel: gesellschaftskritische Schriften. Reagierten damals die Zensoren sich an nackten Oberschenkeln ab und gründeten die »freiwillige« Film-Selbstkontrolle, weil schon damals Staat und Justiz zu viel Würde hatten, selber mit der Schere verfilmtes Fleisch zu beschneiden, so haben Staat und Justiz heute ebensowenig Scherereien mit kritischen, satirischen Schriften, weil sie sich als Zensoren die angeblich vom Staat Unabhängigen im Fernsehen und in den Rathäusern halten.
Benn hatte noch nicht einmal intellektuelle Funktionäre dieses Verächtlichkeitsgrades im Blick, als er 1948 sachlich prophezeite: »Das Abendland geht nämlich meiner Meinung nach gar nicht zugrunde an den totalitären Systemen oder den SS-Verbrechen, auch nicht an seiner materiellen Verarmung oder den Gottwalds und Molotows, sondern an dem hündischen Kriechen seiner Intelligenz vor den politischen Begriffen ... Daß diese politischen Begriffe die primären seien, wird von dieser Intelligenz der Klubs und Tagungen schon lange nicht mehr bezweifelt, sie bemüht sich vielmehr nur noch, um sie herumzuwedeln und sich von ihr als tragbar empfinden zu lassen.«

Was da Benn vor dreißig Jahren an die Wand malte – zieht sich als schleimiges Mäanderband, als das Verhaltensmuster durch sämtliche Fernsehredaktionen der BRD; dem sich anzupassen ist die erste und letzte Pflicht aller Fernsehredakteure, die nicht hinausgeplant werden wollen auf tote Geleise, indem man zum Beispiel ihre bisherige Sendung zusammenlegt mit der eines Neutrums. Wer wie ich häufig Fernsehmacher und Hörfunker zu Gast hat oder am Telefon, wer zu tun hat mit diesen fast ausnahmslos

Frühgelähmten, der ist erschüttert! Diese Mitarbeiter aus dem Medienmilieu sind dreißig, vierzig Jahre alt und klagen ohne Ausnahme – ohne eine einzige Ausnahme! –, daß sie im Amte pausenlos eingeschüchtert und durch Zensur entmannt oder bedroht werden. Manche lachen noch und erzählen von den vielfachen »Versuchen«, auch an ihnen jene Operation: »Rückgrat raus!« durchzuführen, die der Graphiker A. Paul Weber den Machthabern der Massenmedien vor Jahren vor-»gezeichnet« hat. Doch während diese Redakteure davon erzählen, beschleicht einen der Verdacht, daß die Operationsmethode im bundesdeutschen Fernsehen bereits dermaßen perfektioniert ist, daß sie auch an jenen Redakteuren schon erfolgreich vollzogen wurde, die sich – noch lachend – einbilden, man habe nur versucht, auch ihnen das Rückgrat fortzuoperieren: keine Frage, daß viele der Medienmilieugeschädigten ohne Rückgrat – ist das erst einmal weg und drückt sie nicht mehr – so lustig leben wie ohne Blinddarm; es muß offensichtlich in diesen Anstalten des öffentlichen Rechts ein Anästhesieverfahren entwickelt worden sein, daß diese Operationen jene nicht mehr bemerken läßt, an denen sie vollzogen werden: Vermutlich liegt das daran, daß unsere Medien-Anästhesisten nicht wie die in anderen Anstalten mit Äther operieren, sondern die Betäubungen allmählich mit dem anstaltsüblichen athmosphärischen Druck durchführen, den sie nicht Äther nennen, sondern: Ausgewogenheit...

Unverfroren und inhuman benutzt das Fernsehen seine Monopolmacht – deshalb allein bedarf es des privaten als konkurrenzierenden –, diesen seinen »freien« Mitarbeitern einschüchternd den Herrn zu zeigen: Erstens wird keiner der freien Mitarbeiter über einen bestimmten Betrag hinaus beschäftigt, weil er sonst »einen Anspruch auf eine feste Anstellung hätte«. Diese Niedertracht wird von den Bonzen praktiziert, als sei sie naturgegeben und bindend auch für sie selber – während sie doch in Wahrheit sich diese Knebelverordnung nur ausgedacht haben (und sie jederzeit aufheben könnten), um »Freie« kleinhalten und jederzeit durch die Drohung, sie fortzuschicken, kirre machen zu können. Zweitens: Sie überlassen den Privaten, den Außenmitarbeitern alles finanzielle Risiko bis zum Tage der Sendung, indem sie nicht die Bankbürgschaft einlösen für einen vom Fernsehen bei diesen Privaten fest bestellten Film.

Politische Kunst parteilich zu zensieren ist hierzulande der Brauch; da sind die Linken so stramm wie die Rechten; und auch darin unterscheiden sie sich voneinander nicht, daß sie höchst selten den Mut aufbringen, ehrlich einzugestehen, daß sie ein Bild, ein Buch, ein Stück deshalb ablehnen, weil es der Leitplanke ihrer Partei oder ihrer politischen Gesinnung zuwiderläuft. Fast immer schützen sie vor, ästhetisch »genüge« es ihren Ansprüchen nicht.

Das Netz der Zensur hängt – keine Übertreibung – nahezu unmerklich feinmaschig über dieser Republik und arbeitet perfekt wie George Orwells großer Bruder 1984: Die weitaus meisten Bundesbürger merken nur deshalb nichts davon, weil die Menschen – überall, keineswegs allein in der Bundesrepublik – gar nicht zur Kenntnis nehmen, wenn ihnen der geistige Brotkorb höher gehängt wird. Welcher Theaterbesucher, der die *Lustige Witwe* anhört, nähme schon wahr, daß Opern lebender Komponisten meist unterdrückt werden; und würde er es wahrnehmen und gar kritisieren – man käme ihm »demokratisch entrüstet« mit der Diktatur der Demoskopen, die politisch in dem Maß ihre Berechtigung hat, wie sie künstlerisch unverantwortlich ist: nämlich nur zur Unterdrückung problematischen Geistes eingesetzt wird. Warum sollte ein Zensor aus einem Film ein nacktes Mädchen oder einen Kernsatz von F. J. Strauß, durch den dieser bis zur Kenntlichkeit zitiert würde, herausschneiden, wenn er nur dafür zu sorgen braucht, daß diese beiden Filme erst ab 23 Uhr gezeigt werden – also zu einer Zeit, wenn jeder Lohnabhängige, der morgens um halb sieben an der U-Bahn stehen muß, längst schläft? Verbote sind schließlich nur die allerprimitivste Form der Zensur. Hat irgendwer je gelesen, daß sich »das Volk« oder wenigstens einige Vertreter der Normalverbraucher gegen die Bevormundung durch jene Programmgestalter des Fernsehens aufgelehnt hätten – freilich: wo sollten sie ihre Auflehnung auch artikulieren! –, die da dekretieren, daß Filme oder Diskussionen für geistig Anspruchsvolle regelmäßig erst dann gesendet werden, wenn Kinder, Hühner und Werktätige längst schlafen? Womit die weitaus personenreichste Klasse der Nation abermals total deklassiert wird – durch die stillschweigende Übereinkunft, wer früh aufstehen müsse, sei so seicht wie das Programm bis 22 Uhr 30.

immerwährende kreuzigung

dogmen machen ihn dingfest
herrschaft legt ihn aufs kreuz
begriffe nageln ihn fest
kirchen hissen ihn hoch

KURT MARTI

Wolf Wondratschek *Hotel ›Zum Deutschunterricht‹*

Dieses Hotel gehört dem Staat.
Wer hier ein Zimmer will, ist schon tot.
Wahnsinnige sind unerwünscht, Staatsfeinde auch.
Das Beste sind ruhige Dauergäste.

Hier kommen Lebende nicht rein.
Verfolgte finden kein Asyl.
In diesem Staat muß Ruhe sein
koste es was es will.

Gestern wurde Goethe beerdigt.
Heute ist Schiller dran; das ist Hauspolitik.
Büchner bleibt draußen. Begründung: kein Zimmer.
So geht es allen, die dem Personal nicht gefallen.

Die Fenster bleiben geschlossen.
Im Garten Gewächshäuser, wo man Gräber anpflanzt.
Ein Requiem für Radikale, gesungen.
Revolutionen werden getanzt.

Alle Zimmer sind mit schalldichtem Elfenbein ausgestattet.
Fenster – mit Blick nach innen.
Hier bleibt selbst der Alkohol,
den du saufen kannst, wirkungslos.

In der Lobby schaukelt es wie auf einem Schiff,
mal diese, mal jene Woge. Wenn man auf einem Riff
gestrandet ist, hilft nur noch die Droge.
Mondschein auf Weimar, Krieg auf dem Mond.

Darüber ein leeres Zimmer, unbewohnt.
Kafka's Labyrinth. Kahle Wände.
Wachzustände, die nicht zu stoppen sind.
Selbst an der Bar bleibt Kafka unsichtbar.

Dagegen sieht man Bertolt Brecht
auch dann, wenn er verreist ist. Er bewohnt auf Staatskosten
im Osten eine ganze Suite und schreibt,
für den Fall eines Feuers, seine Gesänge auf Notausgänge.

Die Romantiker pokern ums Gefühl,
die Realisten ums letzte Hemd.
Jagt das ganze Hotel in die Luft!
Den Menschen gebt Flügel, auf die Erde zu kommen.

Was läßt sich lernen, wenn das Beil fällt
vom Körper den Kopf zu entfernen?
Was soll man sagen vor Gericht, wenn das Gesetz sagt:
Schweigen ist Pflicht?

Wohnt hier Diotima?
Wer ist noch nicht von Gottfried Benn verarztet?
Hölderlin deutet über die Himmel
in Abgründe.

Bayerisches Obergeschoß (oder: Dichtung als Parterreakt)

Einen Verstoß gegen das Bayerische Rundfunkgesetz sieht der Rundfunkrat des Bayerischen Rundfunks in der Ausstrahlung des Spielfilms ›Servus Bayern‹ von Herbert Achternbusch durch das Gemeinschaftsprogramm der ARD am 18. August 1980 zum Spättermin um 23 Uhr.
Der Film, 1977 gedreht, bereits in den Kinos gezeigt und überwiegend positiv aufgenommen, zeigt den Versuch eines von Achternbusch selbst dargestellten jungen Mannes, Bayern zu verlassen und nach Grönland zu reisen.
Bereits kurz nach der Sendung beschwerten sich die Rundfunkräte Tandler (Innenminister, CSU) und Wolfram Moser (Vertreter der Arbeitgeberverbände), auf Grund von Zuschauerprotesten. CSU-Generalsekretär Stoiber (ebenfalls Rundfunkrat) fragte Rundfunkintendant Reinhold Vöth (dessen Partei nicht weiter erwähnt zu werden braucht, die Hrsg.) nach Möglichkeiten, die Wiederholung eines solchen Falles zu verhindern.
Die Mehrzahl der Rundfunkräte sah den Film als »grobe Beleidigung des bayerischen Volkes in einer obszönen, die sittlichen Gefühle der Zuschauer verletzenden Darstellung« an. Immer wenn das Niveau unter Parterre sinke, werde die Szene nach Bayern verlegt.
Nach vielen internen Beratungen erregten sich die Rundfunkräte nunmehr auch über zwei Stunden öffentlich. Besonderen Ärger verursachten dabei typische Achternbusch-Nonsens-Passagen wie »In Bayern sind 60 Prozent Anarchisten, und die wählen alle CSU«.
Intendant Vöth muß außerdem noch eine Frage klären, die er selbst als »höchst unglücklich und bedrückend« empfand. Nach Meinung Innenminister Tandlers ist dem Fernsehausschuß nämlich eine nicht vollständige Kopie vorgeführt worden . . .
Die FDP-Landtagsfraktion schlug deswegen vor, den Film alsbald zu wiederholen. Die Erörterungen hätten »bei vielen Fernsehzuschauern, die die Ausstrahlung versäumten, in einem Maße Spannung und Interesse geweckt, das angemessen befriedigt werden sollte«. 95 Prozent der Zuschauer, die ›Servus Bayern‹ noch nicht gesehen haben, hätten »ein Recht, an der allgemeinen Empörung teilnehmen zu dürfen«. SÜDDEUTSCHE ZEITUNG, 16. 5. 1981

Gert Loschütz *Meine Freunde*

Meine Freunde reden davon,
daß ihre Telefone abgehört werden.
Den Staat stelle ich mir jetzt vor
als ein großes Ohr.

Meine Freunde reden davon,
daß ihre Post geöffnet wird.
Den Staat stelle ich mir jetzt vor
als eine eifersüchtige Ehefrau.

Meine Freunde reden davon,
daß ihre Wohnungen durchsucht werden
(in ihrer Abwesenheit).
Den Staat stelle ich mir jetzt vor
als eine neugierige Vermieterin.

Meine Freunde reden von
den Polizeieinsätzen bei Demonstrationen.
Den Staat stelle ich mir jetzt vor
als einen großen Knüppel.

Meine Freunde reden manchmal
wie über erfolgreich abgeschlossene Kämpfe.
Dann stelle ich mir den Staat vor als ein Altersheim
voll junger Genossen.

Die Klage

Im Frühjahr 1973 brachte mein Sohn Leonard aus der Schule einen Brief folgenden Inhalts nach Hause: »Sehr geehrte Eltern! Ihr Sohn Leonhard folgt leider nur dann aufmerksam dem Unterricht, wenn er interessant ist.«

JUREK BECKER

Detlef Michel *Der Professor*

Peinlicher Zwischenfall, oder: Das Geld bringt es an den Tag. Bei einem Besuch in Berlin besteigt der Professor am Flughafen ein Taxi. Der Fahrer dreht sich nach ihm um, grinst ihn an. Jetzt erkennt ihn auch der Professor. Sie haben zusammen studiert, sich dann aus den Augen verloren. Während der Fahrt berichtet der hinter dem Steuer, daß er nach zweijähriger Beamtentätigkeit fristlos entlassen wurde, weil er sich geweigert hatte, zum Zeichen der Trauer um den ermordeten Arbeitgeberpräsidenten Schleyer für eine Gedenkminute von seinem Bürostuhl aufzustehen. Seitdem fährt er Taxi. Der Professor hört sich den Bericht unkonzentriert an. Er fürchtet den Augenblick, da die Fahrt zu Ende ist, und er sich entschieden haben muß, ob er bei der Bezahlung ein Trinkgeld gibt.

Ein paar Jahre ist es her, daß er in einer Amtsstube der Universität den Eid auf die Verfassung schwor. Dann noch einige Belehrungen, dann ein feierlich gemeinter Händedruck des Dezernenten. Am Abend gemeinsames Essen mit Bekannten, seinen neuen Kollegen. Schmunzelnd schilderte er den Vorgang. Absurd und komisch sei ihm das vorgekommen. Der Kritiker des Staates als sein Diener. Beifällig nickten die Kollegen.

Man kommt in die Jahre. Er ist jetzt Mitte dreißig und bemüht, die Jugendlichkeit zu bewahren. Er bevorzugt Cordjacke und Jeans, verabscheut Krawatten. Daran hat sich nichts, aber auch gar nichts geändert. Wenn man nach Kontinuität in seinem Leben sucht, dann findet man sie auf jeden Fall hier. Er und seine Kollegen gehören zur Spezies der Krawattenlosen.
Aber die Stirn wird höher und der Bauch spitzt sich zu, daran ist nichts zu ändern, das nimmt man wahr. Der Professor bemerkt, daß die Gesichter der Studenten straffer sind, und daß er sie darum beneidet. Im Gegensatz zu dieser Generation kann er bereits auf etwas zurückblicken, sein Leben kann er schon in Entwicklungsstufen gliedern.
Von einem Kollegen, nicht älter als er, heißt es, er sammle und ordne Material, um in den nächsten Semesterferien mit der Niederschrift seiner Biografie zu beginnen. Bei anderen bemerkt er, wie sie eine besondere Fertigkeit entwickeln, immer neue Bücher zu schreiben, in denen sie immer längere Passagen aus ihren alten

zitieren. Wieder andere legen sich Hobbies zu. Natürlich sammeln sie keine Briefmarken, sondern Jugendstilvasen oder die Erstausgaben des Malik Verlages.
Nur halbherzig beschäftigt sich der Professor mit dem Tatbestand des eigenen Älterwerdens. Wenn im Kollegengespräch davon die Rede ist, dann in der Form des Kokettierens. »Man kommt halt in die Jahre«, übertreibt er dann. Dabei vermeidet er alles, was darauf schließen lassen könnte. Cordjacke und Jeans versprechen Zeitlosigkeit. So, kann er sich vorstellen, wird er auch noch als Fünfzigjähriger über den Campus laufen. Niemals käme ihm der Gedanke, eine Latzhose wie seine Studenten zu tragen. Das käme ihm albern vor. Er in einer Latzhose – der Widerspruch würde sein wirkliches Alter verraten.

Individualität nach Maß. Das Milieu, in dem der Professor lebt, ist beredter als seine Theorie. Die Wohnung und die Gewohnheiten zeichnen sich durch eine Individualität aus, die der seiner Kollegen aufs Haar gleicht. Die Schwedenmöbel und Flokatiteppiche, die abgezogenen und neu versiegelten Parkettfußböden, der abgebeizte Biedermeierschrank. Das Mobiliar demonstriert die Natürlichkeit des Materials. Holz, massives, farblos lackiertes Holz, das die Maserung zur Geltung bringt. Die geweißten Rauhfasertapeten, an denen früher Plakate geheftet waren, wo heute Grafiken und chinesische Steinabreibungen in unauffälligen Rahmen hängen. Kein Nippes, nichts Überflüssiges, aber auf dem Fensterbrett eine Palme, als hätte der Professor nicht vor kurzem noch den Gummibaum im elterlichen Wohnzimmer ein Symbol des kleinbürgerlichen Spießers genannt.
Er liebt trockenen Wein, der ist unverfälscht, anders als diese Limonade, mit der sich der Plebs vollschüttet. Edelzwicker, da hat er eine Quelle, einen Weinbauern im Elsaß, der verkauft nicht an jeden. Der Professor verkehrt in ausländischen Restaurants, Lasagne, Kebab, Cevapcici, Chop Suey. Das vermittelt ihm die Vorstellung einer noch intakten Eßkultur im Gegensatz zu den industriellen Abfütterungsanlagen à la McDonalds oder den einheimischen Lokalen mit ihren Instantsoßen. Deutsche Küche akzeptiert er auch: wenn er Kollegen einlädt und das Gericht selber zubereitet, mit frischen Gewürzen, auf dem Markt gekauft oder aus der eigenen Zucht im Balkonkasten geschnitten. So rüstet er sich aus mit den Insignien eines unbeschädigten Lebens. Er könnte in die Wohnung eines Kollegen ziehen, ohne daß der die Zimmer leer-

räumen müßte. Er fände dort alles vor, was auch er zu Hause hat, im Weinkeller ebenso wie im Bücherregal.
Abends, nach dem gemeinsamen Abräumen des Geschirrs, sitzt er dann mit den Kollegen am Tisch. Man spricht über die Berufungspolitik des Fachbereiches, über die manipulierte Arbeiterklasse und über die Frauenbewegung. Der Professor, Abonnent der *Courage*, würdigt den Feminismus. Zwar gebe es Anlaß zur Kritik, besonders im Hinblick auf den kleinbürgerlichen Charakter dieser Bewegung, aber das Rebellische sei schon mal sehr gut. Jemand erzählt einen Witz über Honecker, und daran entzündet sich eine Diskussion über den Ausdruck des Widerstands im Witz. Über Berufsverbote gibt es keine Witze.

Manchmal besucht er das Studentenlokal. Trifft er einen Kollegen, mit dem er *damals* in Berlin studierte, dann spielt man sich Erinnerungen zu, mit wachsender Begeisterung und für die Umsitzenden mit zunehmender Penetranz, bis eine Studentin aufsteht und sagt: »So redet mein Opa immer von Verdun.« Und geht.
Anderntags spricht der Professor die Studentin darauf an. Er gesteht ihr, daß der Vorwurf ihn betroffen gemacht hat. Die Studentin meint, wahrscheinlich könne er sich das Ausmaß der Wut gar nicht vorstellen, die sie bei solchen Veteranengesprächen ergreife. »Was können wir denn dafür, daß wir *damals* nicht dabei waren?« sagt sie. »Ihr habt wenigstens eine schöne Vergangenheit gehabt!« Der Professor gibt ihr Recht. Ein Zweifel, ob der Professor damals wirklich dabei war, kommt der Studentin nicht in den Sinn.

Wieder mal heiratet ein Kollege, seine Freundin, mit der er nun schon seit fünf Jahren zusammenlebt. Unlängst ist die Hauskatze gestorben. Die Freundin wird bald fürs Kinderkriegen zu alt. Seine erste Heirat vor zehn Jahren hatte er so begründet: Er sei ein entschiedener Gegner der Ehe und des Staates. Aber unter gewissen Umständen, wie in seinem Fall, sei die Heirat ein politisch korrektes Vorgehen. Er sei nicht länger bereit, diesem Staat die unverschämt hohen Steuern in den Rachen zu werfen, die er als Junggeselle zahlen müsse. Es sei doch schizophren, wenn er den Kapitalismus, den er bekämpfe, finanziell unterstütze. Den heutigen Entschluß zur Heirat teilt er den Kollegen mit folgender Begründung mit: Angesichts der umfassenden Destruktivkräfte der industriellen Länder müsse man sich für das Leben entscheiden. Ein Kind zu zeugen, zu gebären und im Schutz der Familie aufzuziehen, sei eine solche Entscheidung.

Vor wenigen Jahren hatte der Kollege einen Bausparvertrag abgeschlossen. Selbstverständlich habe er nicht die Absicht, ein Haus zu kaufen, sagte er, in einer Zeit, wo man eher ans Auswandern denken müßte. Aber Bausparverträge sind nun mal steuerlich abzugsfähig. Warum also diesem Staat etwas schenken? – Bis er dann durch Zufall im Wartezimmer eines Immobilienmaklers mit einem anderen Kollegen zusammentraf. Die beiden verständigten sich darauf, daß es in der umliegenden Gegend sehr schöne Bauernhöfe gebe, preisgünstig, die es wert seien, durch umweltfreundliche und landschaftsgerechte Modernisierungsmaßnahmen vor dem Verfall bewahrt zu werden.

Seltener, aber es kommt noch vor, daß Studenten zu Beginn des Seminars den Professor gleich nach der Begrüßung unterbrechen und eine Resolution verlesen wollen. Die Situation ist ihm vertraut, denn es ist ja noch gar nicht so lange her, daß er selber mit solchen Anliegen »den Lehrbetrieb störte«. Damals ging es dann im scharfen Wortwechsel um die Frage, ob so etwas zulässig sei. In den meisten Fällen untersagten die Professoren ganz einfach das Verlesen und Diskutieren der Resolution. Protestierte die Mehrheit der Studenten dagegen, folgte das Angebot, nach dem Unterricht, wenn der Lehrkörper den Raum verlassen hätte, könnten ja die Studenten ihre Politik machen. Nun werden dieselben Forderungen an ihn gestellt, und inzwischen hat er für solche Fälle eine besondere Technik ausgeklügelt. Er läßt die Diskussion selbstverständlich zu, beteiligt sich auch daran, es kommt sogar vor, daß er selbst unterschreibt, in besonderen Fällen sogar demonstrativ als erster. Während der ganzen Zeit aber blickt er unverhohlen auf die Uhr und überzieht seinen Unterricht genau um die Zeit, die durch die Diskussion verlorengegangen ist. Die Studenten quittieren das mit Murren, aber er bleibt unnachgiebig, ungewöhnlich kompromißlos. Manchmal ertappt er sich dabei, daß er diese Augenblicke genießt. Er hat Macht und zugleich – was nicht so oft vorkommt – ein gutes Gewissen.

Mit seiner Unterschrift unter Resolutionen ist er zurückhaltender geworden, vor allem, wenn sie von Organisationen kommen, die er nicht leiden kann und wo er – zu Recht oder nicht – befürchtet, Material für ein Disziplinarverfahren zu liefern. Wie also die Ablehnung der Unterschrift begründen? Auch für diese Fälle hat er eine Technik: Er behandelt den Resolutionstext wie ein Gedicht. Zeile für Zeile interpretiert er, und es dauert nicht lange, bis er eine Wendung, irgendeine sprachliche Schludrigkeit, eine mißverständliche Metapher gefunden hat. Scharfsinnig analysiert er dann die Formulierung, entlarvt sie als Unfug, politischen Irrtum. Nein, so was kann er nicht unterschreiben.

Verbeamtete Radikalität. Der Professor ist Marxist. Seit jüngster Zeit, genauer gesagt seit dem bösen Herbst in Deutschland, bezeichnet er sich allerdings häufiger als Materialist. Auch von der Arbeiterklasse spricht er nicht mehr so oft, häufiger von den »Betroffenen«. Mit einem Ordner voller papers unter dem Arm betritt er den Seminarraum: Autorität ob er will oder nicht, Zensurengeber, Gutachtenschreiber, Staatsgewalt. Im Unterricht analysiert er Staat und Gesellschaft mit den Kategorien der radikalen Theorie. Die bürgerliche Gesellschaft durchläuft eine krisenhafte Entwicklung. Der Faschismus, warnt er, war kein Betriebsunfall. Zielpunkt des Fortschritts ist letztlich die Auflösung des Staates. In der Person des Professors konzentriert sich ein seltsamer Widerspruch. Als Wissenschaftler setzt er die Brüche im Geschichtsverlauf voraus, als Beamter die Kontinuität. Seine ganze Lebenspraxis, seine privaten Zukunftspläne, all das stützt sich unausgesprochen auf die Erwartung, daß sich die bestehenden Verhältnisse ungebrochen fortsetzen. Fragte er sich selber, wie er sich in einer vorwärtsgedachten Biografie als Fünfzig- oder Sechzigjähriger sähe, dann müßte er sagen: So wie heute, nur eben älter. Der Sozialismus, von dem er in seinen Seminaren spricht, ist ein Denkmodell, keine Lebenspraxis. Die ist längst eingebunden in das feingesponnene Netz sozialer Sicherheiten, für deren Funktionieren gerade der Staat einsteht, den er als Kritiker abschaffen möchte. Mit einer verblüffenden Selbstverständlichkeit, die man diesem kritischen Kopf gar nicht zutrauen möchte, macht er seine Ansprüche auf soziale Sicherheit geltend, ohne diesen Widerspruch in die Theorie aufzunehmen: die *heimliche* Versorgungsmentalität, die *heimliche* Staatsbezogenheit.
Der Staat, zumal der sozialdemokratisch regierte, greift immer stärker in alle Bereiche der Gesellschaft ein. Wider die Verstaatlichung der Gesellschaft! lautet daher die vehemente Forderung des Professors. Zugleich aber verlangt er von diesem Staat, er möge ihm die Nische garantieren, in der er seine Staatskritik übt. Was auch immer an dieser Kritik substantiell richtig sein mag, die Unaufrichtigkeit des Kritikers macht sie kraftlos. Tore aus dem Abseits zählen nicht.

Unter den Kollegen kursiert plötzlich die Neuigkeit, einer habe seine Kündigung eingereicht, dem Universitätspräsidenten einen Brief geschrieben: »Hiermit kündige ich.« Vom Präsidenten sei er belehrt worden, daß er nicht kündigen kann. Ein Beamter muß um seine Entlassung aus dem Amt bitten. Es ist eben nicht möglich, mir nichts dir nichts dem Staat den Rücken zu kehren, denn das Beamtenverhältnis ist eines, in dem der Staat das letzte Wort hat. Der Kollege habe also einen zweiten Brief geschrieben, um seine Entlassung gebeten, und der Präsident habe dem stattgegeben. Warum, fragt sich der Professor, haut der Kollege ab? Einfach so, wird ihm berichtet. Der habe einfach die Nase voll. Der Professor hält das für Quatsch. Und anderntags hört er dann auch prompt eine neue Version. Der Kollege habe ein lukratives Angebot aus der freien Wirtschaft bekommen, ein Angebot, für das es sich wirklich lohne, den Beamtenstatus aufzugeben. »Ach so«, sagt der Professor. Später, nach dem Seminar, auf dem Gang zum Dienstzimmer, begegnet er dem Kollegen. Sobald er ihn in einiger Entfernung sieht, beschleunigt er seine Schritte, gibt sich geschäftig, ruft dem Kollegen kurz zu: »Na, du hast es gut!« Und damit er dem anderen keine Gelegenheit für ein Dementi läßt, geht er rasch weiter.

Das erste Mal, daß ich nach der Hitlerzeit – oder wie die Deutschen leider meist sagen: »nach dem Kriege« – wieder nach Europa kam, war 1949 im Rahmen meiner Tätigkeit für die »Voice of America«. Mein erstes Reiseziel war England.
Das Flugzeug landete in London. Da sah ich zum ersten Mal Zerstörungen durch Bombenangriffe. Die Stadt machte einen denkbar deprimierenden Eindruck, gekennzeichnet von ungeheurer Lethargie, es wurde recht wenig Wiederaufbauarbeit geleistet. Eines meiner peinlichsten Erlebnisse, – es war wieder auf einem Flughafen beim Abflug nach dem Kontinent – waren die feisten, vollgefressenen, laut und hemmungslos deutschsprechenden Geschäftsleute.
Ich flog von London nach Italien und fuhr von dort mit der Bahn über Österreich nach Deutschland. Als ich in meinem Schlafwagen morgens aufwachte, sah ich in Innsbruck zum ersten Mal österreichische Bombenruinen. Ich gebe heute offen zu, daß ich damals ans Fenster des Schlafwagens getreten bin, mir die Hände rieb und laut zu den Umstehenden sagte »Nicht genug, nicht genug«. Über mich brach plötzlich die ganze Erregung, die ganze Wut, die ganze Trauer herein über das Entsetzliche, das von Hitler angerichtet worden ist. In München holte mich ein alter Bekannter vom Bahnhof ab. Der schlug mir vor, doch sofort vom Zug mit auf das Oktoberfest zu kommen, worin ich halb aus Höflichkeit und halb aus Melancholie einwilligte. Dort angelangt hätte ich beinahe wieder kehrtgemacht und wäre nach Amerika zurückgeflogen. Die ganze Scheiße fing wieder an. Da waren diese lauten, feisten Saufbrüder in den Riesenzelten, dröhnend, trinkend, Würste essend und Seidel schwingend, die Bum-Bum-Musik ertönte, es war grauenvoll.

LEO LÖWENTHAL

Hans Magnus Enzensberger
Fabel von der Konsequenz

Ende der fünfziger, Anfang der sechziger Jahre lehrte an einer der Hohen Schulen von Paris, ich glaube, es war die Sorbonne, ein Mann Gesellschaftswissenschaften und politische Ökonomie. Der Dozent war ein junger Mann, sein Spezialgebiet war die Volkswirtschaft der sogenannten Entwicklungsländer. In seinen Vorlesungen und Seminaren sah man deshalb viele Stipendiaten aus dem ehemaligen französischen Kolonialreich: Senegalesen und Madegassen, Algerier und Somalis, Vietnamesen und Marokkaner.

Aufgrund seiner theoretischen und empirischen Analysen war er zu dem Schluß gekommen, daß die Befreiungsbewegungen in den armen Ländern Herr des endemischen Elends nur werden könnten, indem sie die von der Fremdherrschaft deformierten Kolonialgesellschaften sozusagen umpflügten. Die Vertreibung der Imperialisten und die Übernahme der politischen Macht nütze nichts, wenn man die vorhandenen Sozialstrukturen unangetastet lasse. Man müsse sie vielmehr von Grund auf und mit radikalen Maßnahmen umwälzen. Im einzelnen schlug der Dozent drei fundamentale Eingriffe vor:

Als erstes gelte es, das Verhältnis von Stadt und Land umzugestalten. Die Urbanisierung der armen Länder sei verhängnisvoll; sie müsse mit allen Mitteln rückgängig gemacht werden. Industrielle Projekte, die nur neue Abhängigkeiten vom ausländischen Kapital schüfen, seien zurückzustellen. Absoluter Vorrang gebühre der Landwirtschaft.

Zweitens müßten sich die armen Länder vom Weltmarkt abkoppeln, auf dem sich naturwüchsig das kapitalistische Gesetz des Stärkeren durchsetze. Eine lang andauernde Isolation von der Außenwelt sei in Kauf zu nehmen. Erstes ökonomisches Ziel müsse die Selbstversorgung sein. Eine autarke Subsistenzwirtschaft habe zwar Entbehrungen zur Folge, von denen aber in erster Linie die ohnehin privilegierten Schichten betroffen seien.

Drittens sei es nötig, auch den kulturellen Einfluß des Westens zu brechen. Die einheimischen Eliten, vom Händler bis zum Beamten, vom Lehrer bis zum Arzt, seien allesamt von den Wertvorstellungen und Ideologien der Metropolen infiziert. Es handle sich um eine korrupte, parasitäre Schicht, von der eine ständige Ansteckungsgefahr ausgehe und die entschlossen sei, jede wahrhaft selbständige nationale Entwicklung zu vereiteln. Deshalb müsse ihr Einfluß ein für allemal liquidiert, ihre Macht gebrochen werden.

Worauf beruht dieses Programm? Zum einen natürlich auf konkreten Erfahrungen aus verschiedenen Ländern, vor allem Nordafrikas; der Dozent hat ihre gesellschaftliche und wirtschaftliche Dynamik eingehend untersucht. Aber seine Interpretation der Fakten wäre undenkbar ohne Voraussetzungen, die aus der europäischen Tradition stammen. Und zwar hat er nicht auf obskure Heilslehren und irrationale Weltanschauungen zurückgegriffen (schließlich hat das »abendländische Denken« auch den Rassenwahn, den Chauvinismus und den Judenhaß hervorgebracht), sondern auf den besten Teil unserer Überlieferung. Dem Lehrer und den Zuhörern aus allen Kontinenten, die sich seine Thesen eifrig in ihre Kolleghefte schrieben, ging es darum, die krasseste Ungerechtigkeit, die unmenschlichste Unterdrückung und das unvermeidbare Leiden der Hungernden abzuschaffen. Sie waren entschlossen, die Maximen der französischen Revolution, Freiheit, Gleichheit und Brüderlichkeit, die in ihrem Ursprungsland nur noch Rathäuser und Drucksachen schmücken, beim Wort zu nehmen.

Unter den stillen, fleißigen Studenten in diesen Seminaren waren auch einige Kambodschaner; einer von ihnen hieß Khieu Samphan, ein anderer Jeng Sary, ein dritter Saloth Sar – besser bekannt unter seinem *nom de guerre* Pol Pot. Fünfzehn Jahre nach ihrem Examen, das sie allesamt mit Auszeichnung bestanden, setzten diese Leute die Anweisungen ihres Lehrers konsequent in die Tat um. Das Resultat ist jedem bekannt, der lesen kann oder einen Fernseher besitzt; nur um die Frage, ob das Experiment der Roten Khmer einer halben oder zweieinhalb Millionen Kambodschanern das Leben gekostet hat, streiten sich die Historiker noch.

Damit mich meine lieben Freunde nicht mißverstehen: Niemand behauptet, daß es ein Verbrechen wäre, eine Sache zu Ende zu denken. Wir sind allzumal neugierige Leute, die um ihr Leben gern wissen möchten, wohin diese Hypothese oder jener Einfall führt. Das ist schließlich unser Beruf. Auch ist es keine Schande, daß sich die Wege, die wir auskundschaften, früher oder später meist als Sackgassen erweisen. In einer endlichen Welt sollte man sich hierüber nicht allzusehr wundern. Manche ziehen es vor, sich lebenslänglich in ihrem *cul-de-sac* einzurichten. Und solange es beim Denken bleibt, ist auch dagegen wenig einzuwenden, auch wenn mir ein solcher Aufenthalt ziemlich langweilig scheint. Aber wie die Fabel lehrt, halten die Liebhaber der Konsequenz sehr wenig von der Differenz zwischen Theorie und Praxis. Gerade dort, wo kein Weg mehr weiterführt, wollen sie ihre Idee in die Tat umsetzen. Das kann, wie die Fabel lehrt, mörderische Folgen haben. Wo Konsequenz nur um den Preis der Barbarei oder Selbstverstümmelung zu haben ist, kommt sie mir als ein verabscheuungswürdiger Anachronismus vor.

Dabei liegt die Alternative ziemlich nahe. Wenn euer Denken, liebe Kollegen, diese Grenzen erreicht hat, warum kehrt ihr dann nicht einfach um und probiert den nächsten unerforschten Weg aus? Das tut gar nicht so weh, wie ihr denkt. Natürlich müßt ihr mit eurer Sehnsucht nach den heroischen Zeiten fertig werden, in denen es noch so aussah, als könnte einer ein für allemal im Recht sein. Natürlich dürft ihr keine Angst haben vor dieser oder jener Partei, die ihr Biwak in der Sackgasse aufgeschlagen hat und die begreiflicherweise aufheult, wenn es so aussieht, als könnten ihre geheiligten Prinzipien in die Binsen gehen. Natürlich ist es auch nicht immer angenehm, von der eigenen Unfehlbarkeit Abschied zu nehmen. Doch der geordnete Rückzug aus einer unhaltbaren Position ist das non plus ultra der Kriegskunst; alle guten Strategen haben das gewußt, und alle Kommißstiefel haben es vergessen.

Warten

Wenn die Armen auf die Reichen warten,
wenn die Kleinen auf die Großen warten,
wenn die Fans auf den Star warten,
wenn die Schüler auf die Lehrer warten,
wenn die Schwarzen auf die Weißen warten,
wenn die Arbeiter auf den Chef warten,
wenn die Völker auf die Regierungen warten,

ja dann müssen sie eben ein wenig warten.

Herrschaften kommen mit kleiner Verspätung und
müssen etwas früher weg.

ALOIS BRANDSTETTER

Jürgen Fuchs *Petra L.*

Ich geh weg, sagt sie, ich hab die Schnauze voll. Das Hetzen und den Meister und die Intrigen und immer wieder dasselbe Schräubchen drehen, das habe ich satt, wenn du verstehst, was ich meine. Ich habe nicht mal einen Passierschein. Wenn sie mich jetzt außerhalb des Werksgeländes schnappen, bekomme ich Minuspunkte. Die merke ich am Monatsende. Gärtner wäre ich gern. Oder Tänzerin. Oder ganz anderes in anderen Betrieben. Denn der hier gehört nicht den Arbeitern. Das ist gelogen, sagt sie in der Mittagspause auf der Asphaltstraße hinter der großen Fabrik, am Hintereingang. Sie trägt einen kurzen blauen Arbeitskittel und ist ganz jung.

Die sehn uns vielleicht gar nicht, wenn sie der Chauffeur im Wagen vorbeifährt. Die sind in Eile oder ganz woanders mit ihren Gedanken. Aber wenn ich mit den anderen halbfünf aus dem Werktor komme, sehen wir bestimmt nicht wie Eigentümer aus.

Ein Student sagte mir kürzlich, daß die Arbeiter doch ziemlich faul sind und ihre Arbeitszeit nicht auslasten. Das hätten wissenschaftliche Untersuchungen ergeben. Soll er doch kommen. Soll er sich doch an die Maschine setzen, nicht bloß ein paar Wochen, für immer. Den möchte ich erleben. Und alle anderen auch, die große Reden halten über die Arbeiterklasse und scharf darauf sind, jedem zu sagen, daß ihr Vater oder Großvater richtig mit den Händen gearbeitet hat. Die sollen alle kommen und lange bleiben, dann wird ihnen das Quatschen schon vergehen.

Stell dich nur mal früh ans Tor und sieh genau hin, wer da aus den Bussen steigt. Wie die aussehen. Nicht die vom Büro, die anderen.

Zitat: Die Arbeiterklasse ist bei uns die führende Klasse und basta.

Friedrich Dürrenmatt *Gott und Péguy*

Wer ist dieser Mensch, sagt Gott, dieser Péguy
der mich da zu einem französischen
Nationalisten machen will?
Was gibt er vor meine Gedanken zu kennen?
Ist er jemals mein Sekretär gewesen
Dem ich meine Briefe diktierte?

Zwar hat er schöne Verse geschrieben, Gedichte
die bisweilen sogar ich gern lese.
Und er ist tot, ich habe ihn zu mir genommen.
Aber diese Zeilen da
Habe ich verworfen. Sie vermodern
wie sein Leib.
Er soll sie mir nicht in den Mund legen.

Denn ich habe es nicht mehr gern, wenn man
auf die Völker zu reden kommt.
Sie haben mir alle im Verlaufe der Zeit zuviel
Blut vergossen
Das ihre Hände rot färbt. Ich will nichts mehr
von ihnen wissen.

Als ob es nicht genügt, wenn ich jeden Menschen
einzeln begutachte
Ihn hin und her wende, ob nicht doch noch irgend
etwas an diesem verpfuschten Ding
zu gebrauchen sei.
Ohne Blick auf die Etikette, die irgendein
verdrehter Staat quer über seinen Bauch
geklebt hat
Auf der Franzose steht, geboren neunzehnhundert-
zehn als Sohn eines Dramenschreibers und
einer Hebamme
Auch Deutscher aus Dresden, Hinterindier
Amerikaner oder Ukrainer
Etiketten, wie wenn es sich um mehr oder weniger
billige Weinsorten handelte.

Meint man denn, ich sei ein Restaurateur, der hin
und wieder
Im Keller die Völker besichtigt wie eingemachte
Konfitüren
Einen Topf nach dem andern, und die Quitten
den Stachelbeeren vorzieht?
Als wenn es nicht allein auf jeden Einzelnen
ankäme
Und wenn sein Urahne Kathedralen erfand
um so schlimmer für den Nachkommen
Wenn er keine mehr findet.

Überhaupt lasse man mich ein wenig mit diesem
Frankreich in Ruhe
Mit diesem Deutschland und England, mit all
diesem ewigen Europa.
Ich bin langsam nicht mehr gut darauf zu sprechen
langsam wird es mir langweilig.
Langsam werden mir die Menschenfresser fast lieber
die da irgendwo im Urwald
Im Streit um ein Kamel mit zwei Höckern oder
um einen halbvermoderten Elephantenzahn
Den unnachgiebigen Angehörigen eines fremden
Stammes kurzerhand gar kochen.
Sie beten wenigstens nicht mich an, wie es diese
Europäer vorgeben
Sondern einen Götzen mit sieben Armen und fünf
Beinen
Ein Monstrum, bei dem man nicht weiß, was vorne
ist oder hinten.
Da kann ich doch wenigstens mit gutem Gewissen
diesen armen Schluckern vergeben.

Während diese Franzosen und Schweizer katholische
Aktion betreiben oder reformierte theologische
Zeitschriften herausgeben
Aber nicht den Glauben haben, den ich nun endlich
einmal bei ihnen sehen möchte
Den Glauben, der Berge versetzt.

Ist irgendwo schon ein schlimmeres Durcheinander
gesehen worden als in diesem Europa?
Solch ein heilloses Kreuz und Quer von Dummheit
und Brutalität, solch ein Wust an unklarem Denken?
Zuerst haben die Spanier gemordet, dann fingen die
Franzosen an
Jedes Volk immer tüchtiger und lustiger als das
andere, mit immer besseren Guillotinen.
Dann die Engländer. Schließlich die Deutschen
und Italiener
Und jetzt, als man schon glaubte, es sei wirklich
einfach nichts mehr anderes möglich als der
Friede
Scheint man sich im Osten zu neuen Blutbädern
vorzubereiten.
Ist es da ein Wunder, daß mir alle diese europäischen
Völker gleichermaßen verdächtig vorkommen?

Nein, ich habe keinen dieser Morde vergessen
nicht den geringsten und nebensächlichsten
Und keinen General, der sie anordnete, eine
Henry Clay dabei in Brand steckend
Denn ich bin nicht der Gott Frankreichs oder
Deutschlands oder der Sowjetunion
Ich bin ganz und gar nicht ihr Gott, ich bin
nicht der Gott der Sieger – und der Staat
ist immer ein Sieger
Ich bin der Gott derer, die erschlagen am Boden
liegen.

Darum will ich auch nichts mehr von ihren Kreuz-
zügen hören und ihren besten Soldaten
In wessen Namen sie auch kämpfen. Es klingt mir
zu sehr nach Bartholomäusnacht und der
Inquisition.
Charles Péguy schweige davon. Sie stinken mir
zum Himmel.

Was jedoch in diesem jämmerlichen Europa blieb
in dieser ausgebluteten Halbinsel
Die ich zwischen zwei Meere gepreßt habe
unter dessen Himmel
Immer noch die Völker weiter herumhantieren
im wackeren Glauben
Ich drücke auf immer und ewig die Augen zu
sind die Tränen
Und die Gebete, die hin und wieder zwischen
den Ruinen zu mir hinaufsteigen:
Sie weinen sie alle und in jedem Land beten
bisweilen einige
Denn die Not ist oft groß. Es ist eine
Blasphemie, zu sagen
Nur eines der Völker weine ehrbar und
nur eines
Spreche ehrbare Gebete.

Zum Teufel mit den falschen Meinungen
die über mich verbreitet werden.

Die Zunge

Gott schuf das Schwein, schreibt ein Kollege, das
Lebte gefährlich, weil es rosig war
Und zarten Fleischs, daß alle Welt es briet
Bis es sich Warzen anwuchs, Hornhaut, Stacheln
Und, so mutiert, vor lauter Panzer nicht
Mehr gehen konnte, Hyänen fraßen den Rest. Sagen
Will mein Kollege: Schutzlos ist der Mensch
Folglich erfinderisch, regsam, liebbedürftig
Sein nächstes Wesen selber, aber schutzlos
Sein macht müd, Müdsein braucht Sicherheit
Die Ordnung fordert, Ordnung zeugt Chaos
Das schärfere Ordnung hervorruft, eingemauert
Sind wir sicher und tot. Warum sagt er das nicht?
Die Zähne in der Zunge. Ach, wie reden.

RAINER KIRSCH

Lutz Rathenow
Weiterer Beitrag zum Thema Ortswechsel

Zum Beispiel die Straßen auswechseln.
Berühmte Denkmäler.
Plätze.
Oder ganze Städte. Hauptstädte.
Denkbar auch ein Austausch des Volkes.
Oder, weil einfacher zu realisieren, der Wechsel von Regierungen.
Jede Regierung dirigiert eine gewisse Zeit jedes Land der Erde.
Das ist reihum, damit der Chef von San Marino genauso lange die USA regiert wie der Chef der USA San Marino.
Völlig neue Dimensionen der Völkerverständigung scheinen möglich. Denn natürlich wandern auch machtsichernde Institutionen von Land zu Land. Um unnötige Komplikationen zu vermeiden, vorerst nur die bewaffneten Organe.
Und selbstverständlich nie parallel mit der eigenen Regierung.
So könnte es dann schon geschehen, daß China zwei Monate lang eine japanische Polizei, die sowjetische Armee, den amerikanischen Geheimdienst und ein Staatsoberhaupt aus der DDR hat.
Wem dies zu konfus klingt, wechselt besser gleich das System.
Das Sonnensystem.
Der kosmische Ortswechsel wird bislang wenig praktiziert, während auf der Erde einzelne Bürger die verblüffendsten Wechsel vollziehen.
Wer bei der einen Regierung arbeitete, taucht da plötzlich als Vertrauter einer anderen im befeindeten Land auf.
Allerdings bedarf es nicht unbedingt einer sichtbaren Bewegung, um den Standort zu wechseln. Manche Deutsche haben dies, ohne umzuziehen, nicht nur 1933 und 1945 getan.
Letzte Möglichkeit einer Veränderung bliebe das Renovieren der Wohnung. Auch so vermag sich jeder einzureden, immerhin sei etwas erneuert worden.

Jeder von uns hat seinen Platz in einem Wald, den die Wirklichkeit abgeholzt hat.
GÜNTER KUNERT

Guntram Vesper *Aus dem Leben der Studenten*

Erinnerung an die Berührung der Lippen
mit der alten müden Haut von Vater und Mutter
und mit der festeren
Haut meiner Schwester.

Jeden Morgen ging die Sonne
hinter einer
Kaserne auf

und wenn ich im Winter gegen Abend
aus der Anatomie kam
erschrak ich
über den Heißhunger, der mich
nach dem stundenlangen Umgang mit Menschenfleisch
in seiner grellroten Farbe
befiel.

In der dritten Imbißstube kehrte ich ein.

Beim Weitergehen roch ich
an meinen Händen
die Bratwurst und das
Leichenfett und ahnte, auf welche Weise man
zur gleichen Zeit
die menschliche Wärme lieben und von
Blutbädern
träumen kann.

EIN MANN, der mit Revolvern in den Fäusten auf die Straße gegangen war und blindlings soviel wie möglich in die Menge geschossen hatte, diktierte später der Polizei ein Zitat von André Breton ins Protokoll: »Die einfachste surrealistische Handlung besteht darin, mit Revolvern in den Fäusten auf die Straße zu gehen und blindlings soviel wie möglich in die Menge zu schießen.«
Das Geheimnis und die Größe aller Literatur, sagte der Haftrichter streng, besteht darin, sie nicht wörtlich zu nehmen, junger Mann.

LOTHAR BAIER

Peter Bichsel *Das Ende der Schweizer Unschuld*

Als im Mai dieses Jahres die englische Königin die Schweiz besuchte, beklagten sich britische Journalisten in ihren Zeitungen über die rigorosen Abschirmmaßnahmen der Polizei. Ein Journalist sprach davon, daß diese Polizeimaßnahmen härter gewesen seien als in jeder Diktatur.

In der Schweizer Presse las man diese Berichte als Kuriosum. Sie wurden wiedergegeben ohne Kommentar, eher auf der Unterhaltungsseite als im politischen Teil, eher als eine Beschreibung der eigenartigen Engländer denn als Beschreibung unseres Staates. Es gab jedenfalls keinen Grund, solche Berichte ernst zu nehmen.

Sie widersprechen der Legende Schweiz, und zu dieser Legende tragen wir Schweizer so sehr Sorge, daß wir sie sogar praktisch durchführen und durchspielen: Es ist wirklich wahr, daß unsere Bundesminister, unser Bundespräsident ohne Leibwächter und allein unbehelligt durch die Straßen spazieren.

Daran haben die Jugendunruhen in Zürich, Bern, Basel und Lausanne nichts geändert, die Politiker spazieren weiterhin unbehelligt durch die Straßen, sich selbst zuliebe – unserer schönen Legende zuliebe allerdings auch.

Der Hintergrund der Unruhen ist jener Hintergrund, den dieses Land schon immer abgegeben hat und abgeben will – dieser Hintergrund heißt Idylle.

Der Bürger lebt in diesem Land so sicher wie zuvor – nicht nur in Solothurn, Niederbipp, Aarwangen und Vevey, sondern auch in Zürich selbst. Der Bürger ist nicht verunsichert, er ist nur verärgert. Er fürchtet nicht den Zusammenbruch der Wirtschaft, des Staates – er fürchtet im Grunde genommen nichts anderes als den Zusammenbruch einer Legende; einer Legende übrigens, die uns nicht nur angenehm ist, sondern die wesentlich am Absatz unserer Waren und Dienstleistungen beteiligt ist.

Diese Legende heißt mitunter auch schweizerische Demokratie. Es verhält sich mit ihr ähnlich wie mit den spazierenden Ministern. Sie ist nämlich wirklich existent, diese Demokratie, und sie funktioniert. Aber als Legende ist sie uns trotzdem lieber.

Wir erzählen gern davon im Ausland – auch ich –, und der Sonderfall Schweiz ist eben auch eine recht besondere Geschichte, mit der man ausländische Freunde beeindrucken kann. Daß sie

letztlich dann doch nicht beschreibbar ist, unsere Demokratie, daß wir Fragen mit der Antwort: »Nicht ganz so« oder mit »Ja, schon, aber ...« beantworten müssen, das stilisiert sie hoch zum Geheimnis. Sie ist halt dann schlußendlich doch mehr als politisches System, und wer es nicht fühlt, der wird es nicht erahnen.
Wer will bezweifeln, daß die direkte Demokratie nicht ein besonders menschenwürdiges System ist? Auf der anderen Seite entbindet sie den Politiker von Verantwortung. Der Bürger ist schuld, wenn etwas schiefläuft. Er hat schließlich darüber abgestimmt, und meistens – so scheint es, wenn man die Politiker hört – hat er falsch abgestimmt.
Man macht hier dem Bürger die direkte Demokratie dauernd zum Vorwurf. Man macht ihm die beschämend kleine Stimmbeteiligung zum Vorwurf. Wenn er auf einem Amt über eine Bestimmung klagt, wird ihm mitgeteilt, er habe schließlich darüber abgestimmt. Eine Partei kann sich im Parlament progressiv geben und auf den Konservativismus des abstimmenden Bürgers hoffen oder mit ihm drohen. Der Parlamentarier, der vor fünf Minuten im Parlament einem Gesetz zugestimmt hat, organisiert in der Wandelhalle des Parlaments bereits das Referendum gegen das Gesetz.

Die direkte Demokratie kann unter Umständen zum hämischen Zynismus werden. Zum Beispiel auch dann, wenn man sie dem Bürger vorschnell aufdrängt. Politische Diskussionen werden in diesem Land sehr schnell mit der Aufforderung lächerlich gemacht: »Ihr könnt darüber – über Atomwerke, über einen Zivildienst, über Entwicklungshilfe – eine Abstimmung fordern; ihr werdet dann schon sehen.« Hier wird der »unvernünftigen« Minderheit immer mit der »vernünftigen« Mehrheit gedroht. Und die Drohung heißt wörtlich: »Der Bürger wird noch schlimmer sein als wir.«
Auch die Polizisten denken so. Wenn sie schlagen, gehen sie davon aus, daß der Bürger noch mehr schlagen würde. Also hat der Polizist den Eindruck, daß er nicht schlägt. Man droht in diesem Land jedem, ihn dem Volk auszuliefern, nicht etwa der Lynchjustiz, sondern der Volksmeinung.
Es gibt in der Schweiz keine Radikalenerlasse, kein Berufsverbot. Die Chance eines »linken« Lehrers ist hier Zufall. Er wird an der Urne gewählt oder nicht gewählt. Niemand verantwortet das. Selbst jene, die die Nichtwahl betrieben haben, können sie achselzuckend als bedauerlich bezeichnen.

Wir sind ein Land von Unschuldigen. Wir haben auch den Ruf, unschuldig zu sein. Und wir haben inzwischen die Unschuld institutionalisiert, nicht etwa mit perfider Genialität – so sieht es fast aus, sondern mit Überzeugung. Wir sind das unschuldigste Volk der Welt und haben im Sinn, es auch zu bleiben.
Dies scheint mir der Hintergrund der Jugendunruhen von Zürich zu sein, der Hintergrund, der Grund ist es wohl nicht.
Aber in diesem Fall müßte man wohl doch zuerst nach den Hintergründen und erst dann nach den Gründen fragen, die weit über die Schweiz hinausgehen. Schließlich ist auch die Schweizer Jugend nur ein Teil der europäischen.

Eines ist sicher: Die Krawalle finden auf dem Hintergrund der Schweiz statt. Ob uns das packt oder nicht, es überrascht uns alle. Wir alle – die linken Schweizer und die rechten Schweizer – finden es untypisch. Die Linken, weil sie von den Jugendlichen nicht so viel Phantasie erwartet hätten (»Freiheit für Grönland, nieder mit dem Packeis«), die Rechten, weil es in diesem Land, wo es allen gutgeht, nun wirklich keinen Grund zur Rebellion gibt.
Was uns bleibt, ist Ärger (»Das wird uns – der Schweiz – nur schaden«) oder Schadenfreude.
Nicht etwa die Schadenfreude der Linken, die wäre zu billig. Aber in der Presse der französischen Schweiz ist Schadenfreude gegenüber dem arroganten Zürich doch mehr und mehr erkennbar.

Die schnellen und gescheiten Zürcher haben die Tendenz, herablassend auf die übrige Schweiz zu schauen. Sie beherrschen die mächtige Freisinnige Partei von rechts, genauso wie die Zürcher Genossen lautstark die Linke bei den Sozialdemokraten spielen. Die Zürcher vertreten die Schweizer Wirtschaft nicht nur, sondern sie glauben, sie seien sie. Beim Hochzeitsessen im Emmental hat keiner mehr etwas zu sagen, wenn der Neffe hier ist, der es geschafft hat, in Zürich zu wohnen.
Die Zürcher sind die Preußen der Schweiz. Politisch ist man mit ihnen zwar einverstanden, das Bankgeheimnis wird auch im Emmental geschätzt und die Banken von Zürich werden auch in Neuenburg verteidigt – aber man fühlt sich von ihnen unterdrückt, weil Zürich die einzige Stadt der Schweiz ist, die zur richtigen Welt gehört, eine richtige große Stadt.
Aber in Zürich, in dieser sauberen Stadt, darf es so etwas wie Krawalle nicht geben. Wenn die Polizei Verhaftungen vornimmt, dann gibt sie in ihrem Bericht genau an, wie viele Ausländer unter den

Verhafteten waren (die meisten von ihnen hier geboren und wohnend und Schweizerdeutsch sprechend, aber das wird nicht erwähnt).

Die Theorie von den ausländischen Drahtziehern hält sich in der Schweiz hartnäckig. Man weiß in diesem Land, daß alles Ausländische, Mensch und Ware, schlecht ist und alles Schlechte ausländisch. Dies funktioniert denn auch im kleinen, wenn in Bern die Polizei nicht nur die Ausländer unter den Verhafteten zählt, sondern auch die Zürcher. Ein Zürcher ist hier bereits Ausländer genug.

Für den Durchschnittsschweizer heißt Neutralität nichts anderes als Isolation. Er kann sich beim besten Willen nicht vorstellen, daß das Fernstehen etwa von einer Europäischen Gemeinschaft auch Nachteile bringen könnte. (Ein junger Schweizer hat im Unterschied zu einem Deutschen keine Möglichkeit, eine Arbeitsbewilligung in einem europäischen Land zu bekommen, außer er sei ein hochspezialisierter Fachmann. Aber niemand ist bereit, dies als Nachteil anzusehen. Schließlich ist es in der Schweiz am schönsten.)

Die Zürcher Unruhen sind auch so etwas wie eine Gefängnisrevolte, ein Aufstand im goldenen Käfig.

Die Schweiz gibt sich keine Rechenschaft über Veränderungen. Wir werben immer noch mit dem Bildchen einer bäuerlichen Schweiz, auch wenn nur noch acht Prozent unserer Bevölkerung in der Landwirtschaft beschäftigt sind. Wir spielen immer noch die braven und etwas dümmlichen Bauern, und hinter dieser Fassade treiben wir unsere raffinierten Finanzgeschäfte. Wir leben davon, daß man die Schweiz vergißt, wenn man die Industrienationen aufzählt.

Unsere Presse stellt unser Land, derzeit das reichste auf der Welt, als Entwicklungsland dar und heizt damit die Stimmung gegen die Entwicklungshilfe an.

Und wir haben im Grunde genommen nur eine Kultur in diesem Land, eine politische Kultur. Wir haben auch nur eine einzige wirkliche Folklore, unsere Armee. Die Politik ist nicht kulturfeindlich, im Gegenteil, sie glaubt, sie sei die Kultur. Das Opernhaus in Zürich (vor gut einem halben Jahr der Funke an dem Pulverfaß) ist ein Ort der politischen Repräsentation.

Autoren werden auch hier als Schweizer Autoren bezeichnet, Maler sind Schweizer Maler. Sie werden diese Bezeichnung auch im eigenen Land nicht los, und die Bezeichnung verpflichtet sie, die ganze Schweiz zu vertreten.

Eine Kultur, wie sie sich Jugendliche vorstellen, eignet sich nicht zur Repräsentation. Sie ist zudem ausländisch (Rock, Jazz, Straßentheater). Im Gegensatz dazu ist die Oper höchstens so ausländisch wie die Smokings der politischen Repräsentanten, sie ist sozusagen neutral ausländisch.
Die unruhigen Jugendlichen wie die in Zürich sind keine 68er. Das sind keine Politischen. Sie fordern – gemessen an konventionellen politischen Forderungen – nichts. Sie wollen sehen, was passiert, wenn man für einmal nichts fordert. Sie wollen nichts wissen von Ökonomie, sie wollen keine neue Wirtschaftsordnung. Marx würde sich über sie mehr ärgern als Röpke, Bakunin vielleicht weniger.
Ein Staat – nicht nur dieser, aber dieser auch – ist auf Bestechlichkeit angewiesen. Politiker sind gewöhnt, sich gegenseitig zu erpressen. Ohne Bestechlichkeit ist der Kompromiß unmöglich.

Hier hat er es aber mit Unbestechlichen zu tun, und gegen Unbestechlichkeit ist er machtlos.
Das ist die Generation, die in der sogenannten Rezession mit Drohungen und mit dem Gespenst der Arbeitslosigkeit diszipliniert wird. (Nicht nur in der Schweiz, aber in der Schweiz mit besonderem Nachdruck.)
Dieser Generation hat man schon vor den Unruhen gesagt, sie sei arbeitsscheu und unschweizerisch. Diese Generation hatte man schon seit Jahren im Verdacht.
Jetzt demonstrieren die Jugendlichen nicht den Abschied von der Politik, sondern sie verweigern den Eintritt. Der lange Marsch durch die Institutionen wird diesmal nicht mehr angetreten.
Das durch die Jugendunruhe entstandene Problem ist schweizerischer, als man denkt. Wir sind stolz auf unsere Besänftigungspolitik, auf unsere Kompromißpolitik, auf unsere Konfliktbewältigungsmittel. Nun werden sie verweigert.
Die Jugendlichen wollen keine Verhandlungen, sie wollen nicht einmal Vertreter bestimmen für solche Verhandlungen. Sie wollen nur den Beweis erbringen, daß die heile Welt von Zürich keine heile Welt ist. Das weiß der Italiener von Italien, vielleicht auch der Deutsche von Deutschland. Das will man hier nicht wissen, und das darf man hier nicht wissen, weil wir unsere Geschäfte damit machen.

Die Politiker sprechen jetzt von Jugendpolitik. Sie sind gewohnt, Details zu korrigieren, um das Ganze zu verteidigen, denn das

Ganze – da haben sie recht – ist nicht einmal überprüfbar. Die Stadtväter wären bereit, mit den Jugendlichen über Wohnprobleme in Zürich zu sprechen. Die Jungen wissen, daß bei diesen Gesprächen keine einzige Wohnung billiger wird. Die Mieten übersteigen ihr monatliches Einkommen. Sie werden höchstens erklärt bekommen, warum es so ist.

Sie wissen, daß die Politik machtlos ist, weil sie nur noch auf wirtschaftliche »Sachzwänge« reagieren kann und muß. Das ist nun einmal so, aber so wollen es die Jungen nicht mehr haben. Nicht irgendeine Politik ist vor ihnen gescheitert, sondern *die* Politik schlechthin.

Darauf kann die Politik keine Antwort haben. Sie kann nur hoffen, daß die Krawalle nie stattgefunden haben. Sie wird dafür sorgen, daß sie nicht stattgefunden haben.

Redakteure des liberal geltenden Zürcher »Tages-Anzeigers« verteilen auf der Straße einen Artikel des Suhrkamp-Autors Reto Hänny, den sie nicht drucken durften. Hänny schildert seine Erlebnisse mit der Zürcher Polizei, nachdem er als Zuschauer einer Demonstration in Gewahrsam genommen wurde.

Die Chefredaktion war für diesen Artikel. Die Herausgeber wurden von Inserenten erpreßt. Zürich ist eine reiche Stadt, weil sie den Reichen gehört. Diesen Nachweis haben die Jugendlichen zum mindesten erzwungen. Die Schweiz ist kein unschuldiges Land mehr.

projekt: »zusammenrücken – ein energiekonzept«

keine andere energieform unterliegt einer ähnlichen verschwendung wie die körperwärme.

im zuge der erstellung eines neuen energiekonzeptes war es daher naheliegend, daß sich die energiekommission mit dieser energieform auseinandergesetzt hat.

so wurde festgestellt, daß die abstrahlungsverluste in sogenannten »gemeinschaftsbetten« für sechs bis acht personen um ein vielfaches geringer sind als in herkömmlichen, bisher gebräuchlichen einzelbetten.

als zusätzlicher nebeneffekt werden die zwischenmenschlichen beziehungen gefördert – man kommt sich näher.

»zusammenrücken« heißt die neue erkenntnis.

MANFRED CHOBOT

Urs Widmer *Versuch über meine Doppelgänger*

Eigentlich wollte ich einmal der erste Schweizer Schriftsteller nach Hartmann von Aue werden, der nie über die Schweiz redet. Denn die Schweizer, Pädagogen mit einer strengen Moral, haben viele, vielleicht zu viele Schriftsteller hervorgebracht, die Pädagogen mit einer strengen Moral sind. Ich nicht, dachte ich einst, in *diese* Falle tappe ich nicht. Ich bin gescheitert. Zwar verließ ich sehr bald die Schule, an der ich Lehrer war, und meine strenge Moral löse ich seit Jahrzehnten in allem auf, was als Lösungsmittel taugt, in Liebe, Denken, dem Anschauen von Lebensweisen anderer, Alkohol. Natürlich haben und hatten die Schweizer Schriftsteller (Pestalozzi, Gotthelf, Otto F. Walter) selten die gleiche Moral wie ihre Landsleute, das nicht, aber sie zahlten und zahlen ihnen die Schmerzen, die strenge Moralen eben zufügen, mit Münzen der gleichen Währung heim, in Schweizer Franken halt. Niemand wütet besser über die Schweizer als ein Schweizer. Im Nebel des Mittellands tappen unglaublich viele Wütende herum. Inzwischen tappe ich mit. Wie oft habe ich nun schon über die Schweiz geredet, ein ganzes Buch habe ich über sie geschrieben; ich habe *meine* Moral halt auf meine Weise verpackt, schon mein Großvater und mein Vater waren Pädagogen. Vielleicht zeigt sich ja dann dereinst im Himmel, dem vierundzwanzigsten Kanton der Schweiz, daß unsre Moral nicht das schlechteste an uns war.
Dennoch oder deshalb spüre ich, daß ich nicht davon reden will, was mir weh tut, wenn ich die Schweiz von heute ansehe. So viel Beton. So viele Hasenfüße. Und noch immer bei so vielen das Gefühl, daß die andern nur endlich einmal auf uns hören müßten, dann lebten auch sie in ruhigem Behagen. Aber eben, in *diesen* Wald, in dem ich zuweilen selber wandle, rufe ich schon recht lange hinein. Den muß niemand schützen, denn niemand holzt ihn ab. Zudem bin ich nicht Förster. In meinem Kopf kommen zuweilen den Gesetzen der Wirklichkeit die der Ästhetik in die Quere, und die sagen unter anderem, daß man, in der Kunst, nicht sein eigenes Echo werden soll. Also, deshalb schreibe ich jetzt davon, daß ich zuweilen daran denke, einen Essai – oder Versuch – über *alles* zu schreiben. Er hieße *Versuch über alles* und enthielte, was mir so durch Kopf und Herz zieht, ohne Wertung und Einschränkung. Er wäre ziemlich lang. Jedes Thema kriegte nur einen Satz

und würde nie ausgeführt. Ich begänne vielleicht damit – weil so ein Versuch größenwahnsinnig wäre –, daß mir offenbar nur übrigbliebe, meinen Größenwahn ein bißchen lieb zu haben, damit ich ihm im Schutz dieser Zuneigung umso heftiger mißtrauen könne, denn das gehe ja nun doch zu weit, daß er sich in *alle* meine Handlungen, auch die demütigsten, einschleichen wolle. Dann sagte ich möglicherweise, daß ich im Elsaß nachgesehen hätte, was die Natur mache, nämlich – eben war Ostern – Gänseblümchen, Primeln, Anemonen, Katzenpfötchen, Lärm (Holzsägen) und einmal einige Minuten lang eine Frühlingswärme, die mich aufstöhnend an einen trockenen Waldrand habe sinken lassen. Danach zum Beispiel, daß ich einmal in der Lobby eines sehr luxuriösen Hotels mit dem Atom-Cohn Whisky getrunken hätte und seither ahnte, weshalb *er* das Rad der Geschichte bewege und nicht ich, nämlich, ich sei weder so klug noch so sympathisch noch so unfaßbar spielerisch von den Dingen losgelöst wie er, *er* würde genau so gern gleich effizient das Gegenteil von dem managen, wozu ein ebenso unfaßbar spielerisches Schicksal ihn bestimmt habe. Oder, wie anders, daß ich – ich lebe seit 1967 in Frankfurt – die Deutschen noch immer nicht verstünde und die Schweizer nicht mehr. Dann, daß ein Freund mir eine Musiktheorie erzählt habe, nach der es in Afrika Pygmäen gebe, die wie unsre Sennen in Terzen oder Quinten sängen – die am Wasser hauchten nur und rauschten, die in den Steppen knarrten und stöhnten –, weil das Echo sie schule, denn die Pygmäen wohnten, im Gegensatz zu denen am Wasser und in der Steppe, in kreisrunden Urwaldlichtungen, die ihre Gesänge zurückwürfen wie die Berge die Rufe der Älpler. Daß ich selber staunte, wie locker mir die Konjunktivregeln zuflögen nach so vielen Büchern im Indikativ. Daß jetzt Freunde und Freundinnen zu sterben anfingen, einer gerade eben freiwillig, und daß das weh tue. Daß es vielleicht wirklich eine Zeit gegeben habe, in der starke Väter die Schiffe steuerten, während heute keiner mehr die leiseste Ahnung habe, was zu tun sei – sogar unsern Kindern falle im Konfirmationsunterricht auf, daß schon der größte aller Väter, ER, dem vertrauensseligsten aller Söhne, IHM, eine ziemlich üble Falle gestellt habe. Daß ich seit einiger Zeit an einem Roman schriebe, dessen nebelhafte Konturen in meinem Kopf drin zuerst nach glatt tausend Seiten ausgesehen hätten, von denen jedoch, da ich den Schutt zufälliger Einfälle vom Mythos getrennt hätte, eine Broschüre übriggeblieben sei. Daß ich ein progressives Liebespaar kennte, das seine Beziehung so tadellos durchzuanalysieren imstande sei, daß sie sich gar nie mehr zu küssen brauchten. Daß mir auffalle, daß sogenannt gebildete Leute meines Alters (»Akdemiker«) Bücher plötzlich nicht mehr läsen, sondern *wieder*läsen. Daß die Leute »Bild« oder »Blick« nicht läsen, als seis Manna, weil sie das dort Gedruckte glaubten, sondern weil sie im Gegenteil wüßten, daß dort ausschließlich Märchen stünden, denn Märchen seien leichter auszuhalten als die wirklichen Entsetzlichkeiten der wirklichen Welt – mit denen auch so kluge Zeitungen wie die FAZ oder die NZZ nur fertig würden, indem sie das Chaos immer erneut in völlig fiktive Ordnungen brächten, bis es für einen Tag mehr wieder so aussehe, als hätten sie die Welt im Griff und nicht die Welt sie. Daß ich es kaum mehr ertrüge zu sehen, wie versorgungssüchtig viele Leute seien, kaum gebe es eine sozial sinnvolle Einrichtung, kämen die ganz Schlauen. Etc., bis hin zur Befürchtung, daß mir der Schnauf nicht ausginge, schriebe ich meinen *Versuch über alles* wirklich, vielleicht aber meinen Lesern, die gewiß keine Odysseuse werden wollten für die nächsten zehn Jahre, und wenn schon, dann nicht von mir auf meiner hohen See geschaukelt. Ja, die Stelle, wo, in der berndeutschen Übersetzung von Albert Meyer, Odysseus dem Zyklop zuruft, ›Uflat du, im eigete Huus syner Gescht ga z'ermorde!«, die wäre auch vorgekommen.

Aber in einer Anthologie hätte ein so uferloser Beitrag gar keinen Platz; so schreibe ich doch lieber über *ein* Thema, nämlich – damit Sie wenigstens wissen, mit wem allem Sie es bei mir zu tun haben – über meine Doppelgänger. Doppelgänger sind, seit E. T. A. Hoffmann die seinen überwältigt hat oder sie ihn, eher selten geworden. Dennoch, es gibt sie. Daß nämlich in der Zwischenzeit der eine oder andre von mir gehört hat, hat damit zu tun, daß ich nicht allein bin. Wir sind zu viert. Jeder tut, was er kann; keiner neidet dem andern, was der kann. Jeder ist, von sich aus gesehen, primus inter pares. Der erste Urs Widmer (ich ordne uns nach dem Alphabet) ist Präsident der deutsch-chinesischen Freundschaftsgesellschaft deren Sitz in München ist. Er hält für mich die Freundschaft mit den Chinesen warm, die mir ohnehin seit langem sympathisch sind. (Nur den Japanern – ich bin ein Anhänger des nicht praktizierten Vorurteils – haue ich zuweilen eins drauf.) Kürzlich ist er für mich in jenem Swissair-Flugzeug geflogen, das in Athen über den Pistenrand schlitterte; in der Zeitung stand, es sei uns nichts passiert, gottseidank. Der zweite Urs Widmer schreibt für mich in der Basler Zeitung, die ich, nicht seinet- aber durchaus ihretwegen, nicht mehr lese. Dieser Urs vertritt, wenn ich das recht sehe, meine eher besonnenen Anteile. Er nimmt ruhig zu weltpolitischen Fragen Stellung, gibt diesem Präsidenten einen Rat, tadelt jenen Ayatolla, macht sich Sorgen – genau wie ich, wie ich es gern täte. Und oft sehen mich die ehrenwertesten Bürger meiner Heimatstadt, die alle Chemie am Stecken haben, mit einem warmen Blick an; ich spüre, sie verzeihen mir die Unkorrektheiten meiner Dialektstücklein. Der dritte Urs ist ein Jurist. Ihn habe ich aus den Augen verloren. Sicher gewinnt er Prozeß über Prozeß, und die Gewinner denken, seine Prosa, nun ja, aber plädieren kann er. Der vierte bin ich. Ich schreibe für die andern drei Bücher und Theaterstücke. Keiner von uns könnte das alles allein. Jeder ist für jeden unterwegs. Vielleicht sehen wir uns einmal im Alter immer ähnlicher – vielleicht *denken* wir immer ähnlicher? –, und wenn wir dereinst in den Himmel kommen, hat der HERR uns nur *einen* Platz reserviert, einen Hocker in der siebenundzwanzigsten Reihe, und einer muß auf den Knien des andern sitzen, ich zuunterst, dann der Jurist, dann der Chinese, zuoberst der Politiker, denn er hat den Überblick. Unser vierfaches Halleluja wird Blasen in die Himmelshülle treiben und den Funkverkehr von dem verwirren, was dann noch in irdischen Lüften fliegt, von Segelflugzeugen, Ballonen, Trethelikoptern und Interkontinentalraketen.

Du gehst in einen Laden und sagst: Ich will zehn Pfund Identität. Der Verkäufer guckt. Er stottert, er würde dir die gewünschte Ware gern verkaufen, hätte er sie vorrätig.

Identität auf Lager, sagst du.

Er will sie nachbestellen, sagt er, schon gestern sei eine Frau im Laden gestanden und habe nach Identität verlangt. Kommenden Donnerstag, sagt er, sei sie wieder da, vielleicht auch erst in vierzehn Tagen, die genaue Lieferzeit sei ungewiß.

Du fragst: was mache ich bis dann?

Er sagt: Ihr Problem, junge Frau.

ELISABETH PLESSEN

Franz Böni *Alltägliche Einladung*

Ich befand mich unter den im Bahnhof herumlungernden Arbeitslosen, als sich ein Mann an mich wandte, der an seinem Auftreten unschwer als Zivilpolizist zu erkennen war. Er bot mir eine Gelegenheit an, an einem einzigen Tag tausend Franken zu verdienen. Es ging um ein Exekutionskommando an einem Kriegsverbrecher; ich sollte einer von zehn Schützen sein, wobei nur einer von allen mit scharfer Munition schoß. Müde von der monatelangen Herumstrolcherei und dem Hungern, sagte ich zu, worauf er mich in seinem Wagen weit weg von der Großstadt in eine einsam in der Ebene gelegene Polizeikaserne brachte. Als ich jedoch geschossen hatte, fühlte ich mich schlagartig unwohl und das Gesicht, das ich jetzt ausgelöscht, hatte sich mir so stark eingeprägt, daß ich es mit Bestimmtheit zeit meines Lebens nicht mehr vergaß. Es war auch nicht das Gesicht eines Kriegsverbrechers, sondern das eines ehrlichen jungen Mannes, der mein Geistesbruder hätte sein können. Es war ebenso sicher, daß mein Geschoß scharf gewesen war, da sich gleich nach meinem Abdrücken ein faustgroßes Loch aufgerissen hatte. Nun untersuchte ich die Nebenkabinen und entdeckte, daß sie allesamt leer waren. Der Zivilpolizist gab mir schon mal fünfhundert Franken und erklärte, daß ich noch einen Dienst für ihn erledigen müsse. Ja, daß ich, wenn ich in der Kaserne bliebe, eine große Karriere machen könne. Ich bedankte mich und versicherte verstört, wütend über den riesengroßen Betrug, daß er mich sogleich zurückführen solle. Auf sein Zögern verließ ich die Kaserne, schritt in die Ebene hinaus und versuchte, ein Auto anzuhalten. Ich befand mich in einer verwilderten Steppenlandschaft, die Kaserne lag hinter Büschen, ein niedriger Bergzug zog sich am Horizont hin, als ein Wagen hielt und ich einstieg. Ich war so aufgewühlt, daß ich das Erlebte erzählen mußte und meiner Wut Ausdruck verlieh, daß gewöhnlichen politischen Gefangenen, die Bezeichnung Kriegsverbrecher angelastet wurde. Aha, nun kennen wir wenigstens Ihre Einstellung! sagte darauf der Fahrer, wendete und brachte mich sofort zur Polizeikaserne zurück. Mit Entsetzen wich mein Mitleid für den Getöteten der Angst, nun mein eigenes Leben zu verlieren. Augenblicklich wurde mir der ganze schreckliche Zusammenhang klar, daß alles ein abgekartetes Spiel war und jeder Exekuteur selbst wieder überprüft wurde und das nächste Opfer bildete. Der Zivilpolizist fischte sich so einen nach dem anderen unter den Arbeitslosen im Bahnhof heraus, überprüfte ihre Ansichten und tilgte so, gleichsam mit helvetischer Gründlichkeit all jene aus, die eine seltsame Einstellung hatten. Der Zivilpolizist führte mich ins erste Stockwerk in die Materialausgabe. Ein beleibter Beamter fragte mich nach der Kleidergröße und händigte mir darauf grobe Sträflingskleider aus.

Notiz

Morgens, noch in der Waagerechten, wird, was wachgeworden war, erschossen, die Empfindung. Erst glaubt man wohl, man täuscht sich. Beim Herumgehen, also in der Aufrechten, und in der Schräge beim Heizen wird noch etwa ein dutzendmal erschossen, wie im Bett bereits vorausgesehen. Viele Tränen fließen. So wasche ich mein Gesicht zuerst in Tränen, dann mit Reinigungs-Lotion, welche ich nach Anweisung mit reichlich Wasser abspüle. Zuletzt, in den Spiegel blikkend, massiere ich ein wenig Creme ein (täglich). Inzwischen hat sich eine saubere Gefaßtheit eingestellt; bei dem Gedanken, daß von den anderen alles das ja geduldet wird, klar wie schwarzes Glas. Während der Arbeit währt ohne Pardon eine Erregung und gefaßte Aufgebrachtheit fort, ohne ihr jedoch zu schaden, sondern sogar mit Nutzen. Tränen unter Tage nur bei entsprechenden Gelegenheiten. Die Kinder waren vorhin zu laut, und ich sprach ruhig mit ihnen. Weichgeweint und aufgeräumt, na Kopf hoch. Ich bedaure, daß ich diesen Exekutionen noch immer nicht gewachsen bin.

ELKE ERB

Hans Christoph Buch *Kurzgeschichte*

Aufgrund meiner Weigerung, reale Sachzwänge anzuerkennen, werde ich von Strahlenschutzbeamten aufgegriffen und, da ich eine über der kritischen Toleranzgrenze liegende Aktivität ausstrahle, in einen strahlungssicheren Behälter verpackt und unter Polizeischutz in ein nationales Entsorgungszentrum verbracht, wo ich zunächst in einem Abklingbecken zwischengelagert werde, bis meine mittelschwere Aktivität auf die zulässigen Emmissionswerte abgeklungen ist. Anschließend werde ich von vollautomatischen Greifern gepackt, in einer Salpeterlösung gebadet und mit Hilfe von Laserstrahlen in handliche Stücke zersägt. Meine dabei freiwerdende Aktivität darf ich unkontrolliert an die Umwelt abgeben. Danach werde ich in Glasbeton eingegossen und im Kugelhaufverfahren in einem tausend Meter tiefen Salzstock endgelagert, wo ich jahrtausendelang ungestört vor mich hinstrahle, nur ab und zu durch ein Erdbeben oder einen Grundwassereinbruch in meiner ruhenden Aktivität gestört. Obwohl ich nach menschlichem Ermessen absolut sicher endgelagert bin, werden durch kleinere Pannen, Störfälle und Sabotageakte große, dichtbesiedelte Landstriche rings um das nationale Entsorgungszentrum für immer unbewohnbar gemacht. Nach 480 000 Jahren ist meine Aktivität soweit abgeklungen, daß ich aus meinem unterirdischen Gefängnis befreit und auf der DOCUMENTA in Kassel gezeigt werden kann, wo ich als umweltfreundliches Kunstwerk mit dem Kunstpreis des Landes Niedersachsen ausgezeichnet werde.

Die Große Pleite

Der Vietnamveteran Charles Hertz
klagt die Gesellschaften Dow Chemical,
Hercules, Diamond Shamrock,
Montesano und North American Philips:
nicht nur die Gräser und Bäume Vietnams
traf das Entlaubungsmittel Orange Agent,
sondern auch ihn, seine Kameraden.
Hautkrankheiten und Mißgeburten bei den Nachkommen
sind die Spätfolgen, die den Konzernen
40 Milliarden Dollar kosten sollen.
Wenn alle vietnamesischen Zivilisten
nach diesem Beispiel vorgehn,
sind die USA pleite. E.A. RICHTER

Jurek Becker *Ansprache vor dem Kongreß der unbedingt Zukunftsfrohen*

Verehrte Damen und Herren!

Es ist gar nicht einfach, vor Ihnen zu stehen und zu Ihnen zu sprechen als einer, der irgendwie ja dazugehört, aber doch wiederum nicht ganz, als einer, der nahezu alle Ihre Wünsche teilt, so manche Ihrer Erwartungen jedoch nicht. Trotzdem danke ich sehr für die Gelegenheit, die Sie mir geben, obschon Sie gewiß ahnen, daß Meinungsverschiedenheiten nicht ausbleiben werden. Es zeichnet Ihre Organisation neuerdings ja aus, daß Einwände zugelassen und gar nicht unerwünscht sind. Obwohl Sie der Überzeugung sind, Einwände trügen nur dazu bei, Sie nur um so fester Ihrer Meinung sein zu lassen, und auch wenn der Einwendende hofft, das Gegenteil möge eintreten, so sind wir uns doch einig in der Methode. Sie wissen, daß ich den Bestrebungen Ihres Kongresses von Herzen Erfolg wünschte, sozusagen über meine Einwände hinweg, weil Ihr Glück und meines mit bloßem Auge kaum zu unterscheiden sind. Vielleicht darf ich nur deshalb vor Ihnen stehen, weil Sie das wissen.

Ich erinnere mich gut an einen Tag vor Jahren, da ich schon einmal an einer Ihrer Tagungen teilnahm; nebenan war es, im großen Saal, in diesem hier hätten wir längst nicht alle Platz gefunden. Wenn ich jene Zusammenkunft erwähne, dann nicht, um Wehmut hervorzurufen, und nicht, um Sie zu peinigen, indem ich an die Vergeblichkeit so vieler Hoffnungen erinnere. Ich möchte Ihr Augenmerk nur darauf richten, daß ein Übermaß an Zuversicht, wie es damals deutlich zu bemerken war, Ihre Sache nicht sehr vorangebracht hat. Ich sage das nicht schadenfroh, ich seufze mit Ihnen und wünschte es von ganzem Herzen anders, doch davon später. Ich weiß noch, welch große, schöne Schar wir damals waren, ich mittendrin. Ich höre noch die frohen Reden, die nur von Beifall unterbrochen wurden, nie von Bedenken. Ich entsinne mich, wie lang die Rednerliste war und welcher Mühe man sich unterziehen mußte, um einen Platz darauf zu finden. Mir selbst gelang es nicht, doch war das kein Verlust; ich hätte ohnehin nichts anderes getan, als in den allgemeinen Jubel einzustimmen.

Doch es gibt noch eine andere Erinnerung: Als ich am Abend jenes Tages zu Hause saß und meine Lehren ziehen wollte, als ich, den Stift in der Hand, zu rekapitulieren versuchte, was an Bewahrenswertem vorgetragen worden war, da blieb mein Bogen leer. Ich erschrak und hörte nicht zu überlegen auf, erinnerte mich aber nur an Sätze, die davon handelten, wie gut die Dinge für uns stehen, wie das Rad der Geschichte sich fleißig in unsere Richtung dreht, welch grüne Zukunft vor uns liegt. Das war nicht viel, bis ich mir sagte, ich brauchte mich nicht so dumm zu wundern: immerhin handle es sich um eine Tagung der unbedingt Zukunftsfrohen. Und ich sagte mir, beim Kongreß der Verzweifelten hätte es sich natürlich anders angehört.

Doch ein Gefühl der Beunruhigung blieb zurück, wie ich mich auch dagegen wehrte. Mir ging die Frage nicht mehr aus dem Sinn, ob unsere Methode, zukunftsfroh zu sein, tatsächlich so vertrauenswürdig war; eine Methode, die grob gesagt darin bestand, die Mißlichkeiten des Tages mit dem Glück der Zukunft zu bekämpfen. Ich fragte mich, ob es nicht möglich wäre, auf eine Art und Weise zukunftsfroh zu sein, die froher stimmte. Und wie sich zeigte, war ich nicht der Einzige, den diese Sorge plagte, die Zeit hat es bewiesen. Nicht aus Gehässigkeit erwähne ich, daß die Organisation Mitglieder verloren hat. Es ist nicht meine Sache, die Verluste aufzurechnen und zu beklagen. Nur sollten sie nicht als eine Art von Reinigung betrachtet werden, und als Selbstreinigung, wie man es hin und wieder in den Reden hört, schon gar nicht; denn eine Absicht Ihrerseits steckte ja doch nicht dahinter. Sie werden mir hoffentlich nicht zürnen, wenn ich behaupte: der einzige Vorteil für die Verbliebenen bestünde darin, die Gründe der Fortgegangenen zu untersuchen. Sie sollten dabei nicht nur solche Gründe vermuten, die schmählich klingen, bequem in der Hand liegen, doch nur bei wenig Licht glaubhaft sind.

In verschiedene Richtungen sind jene davongelaufen, die nicht mehr zu den unbedingt Zukunftsfrohen gehören wollten. Einige haben sich zurückgezogen, als wollten sie unkenntlich werden, als wüßten sie noch nicht, wohin sonst sie gehen sollten, nur eben fort. Andere, vielleicht die Radikalsten unter den Fortgegangenen, sind der Vereinigung der Hoffnungslosen beigetreten. Es drängte sie ans Gegenteil heran, das mag im einen Fall übertrieben scheinen, im anderen gar unverständlich; doch sollten Sie erfahren wollen, wie eine solche Absicht mitten unter Ihnen entstehen konnte, wie dieser Zukunftsfrohsinn manchen so verzweifelt machte. Wieder andere, zu denen auch ich gehöre, haben sich den gemäßigt Zukunftsfrohen angeschlossen.

Ich kann mir denken: Sie werden das einen Rückzug nennen. Sie werden behaupten, die Einschränkung, die dem Attribut *gemäßigt* innewohnt, wolle in Wahrheit der Zuversicht ans Leben. Das leugne ich, wenn es auch wahr ist, daß ich nicht mehr in gleicher Weise zukunftsfroh wie früher bin. Natürlich müssen sich meine Erwartungen verändert haben, sonst wäre zu fragen: Wozu der ganze Wechsel? Doch wer verlorene Erwartungen kurzerhand als Enttäuschungen abtut, der macht es sich zu leicht. Es sind die übertriebenen Erwartungen, die fort sind, und jene Wünsche, die ich gewissermaßen nur geschlossenen Auges hätte weiterhegen können. Ich fühle mich wohler ohne sie – sehen Sie mich nur gut an –, fast wie nach einer Kur, auf der man überflüssige Pfunde losgeworden ist. Mein Zukunftsfrohsinn kommt mir auch nicht kleiner vor als ehedem, eher zuverlässiger und nicht mehr so kränklich.

Noch einmal, verehrte Damen und Herren, glauben Sie nicht, die Tatsache Ihrer Dezimierung lasse mich gleichgültig oder mache mich gar zufrieden. Doch auch nicht traurig, damit das klar ist. Wie sollte es mich traurig stimmen, wenn der und jener sich von Ihnen trennt und damit keiner anderen Einsicht folgt als der, zu der auch ich gelangt bin? Ich sehe darin den Beweis, daß Ihre Art von Frohsinn nur unter Verlusten beizubehalten ist, nur unter Verlusten, wie man sagt, an Leib und Seele. Doch etwas anderes macht mich traurig: Welch häßliche Namen Sie den Fortgegangenen geben, wie unbekümmert Sie sagen, ihr Weggang sei *bezeichnend*. Als handle es sich bei der Ernüchterung, zu der der Fortgegangene ja gelangt sein muß, bevor er Sie verließ, um eine Art von Schlechtigkeit. Diese Ernüchterung ist ein Thema, mit dem Ihr heutiger Kongreß sich unbedingt befassen sollte. Ich höre schon Ihr Urteil, nun erst wisse man, woran man bei den Fortgegangenen sei; Sie bedenken nicht, daß die Betreffenden zuvor sich auch von Ihnen ein Bild gemacht haben müssen. Und Sie bedenken nicht, daß dieses Bild so sehr zu Ihren Ungunsten ausgefallen sein muß, daß jene Leute als Folge davon eben fortgegangen sind.

Verweilen wir für einen Augenblick bei der Ernüchterung, bei der erwähnten, die man nicht übersteht wie schlechtes Wetter, indem man für eine Weile den Kopf einzieht und den Kragen hochschlägt. Sie ist ja nicht die Folge besonders ungünstiger Zeiten, auf deren Endlichkeit man sich verlassen könnte. Wäre sie es nur: dann bestünden all Ihre Erwartungen zu Recht, und mit Standhaftigkeit und Geduld wäre dem Übel beizukommen. Doch leider ist es anders, liebe Freunde, die Quelle der Ernüchterung sind Ihre Wünsche und Erwartungen selbst, das Übermaß darin.

Nicht wenige der Sehnsüchte, die in Ihrer Organisation als unum-

stößlich gelten, sind so beschaffen, daß der Sehnsüchtige nur eine Zeitlang guter Hoffnung sein kann: in jenem frühen Stadium, da neuentdeckte Wünsche noch Zuversicht erzeugen, da die Erfüllung noch beruhigend weit ist, und die Mißlichkeiten des Wegs dorthin noch keine Rolle spielen. Ich habe lang genug an diesem warmen Feuer mitgesessen, ich kenne das Glück, den besten Einwand mit einer Handbewegung zu entkräften und mit den Worten: Ach was. Das Kreuz mit dieser schönen Zeit ist nur, daß sie nicht ewig dauern kann. Vielen von Ihnen aber, so mein Vorwurf, gelingt es, in zweierlei Welten zu existieren: in einer der Erwartungen, in der die Zeit angehalten ist, und in einer anderen der täglichen Plackerei. Es gibt keine Berührungspunkte zwischen beiden, es führen keine Brücken hin und her; so können Erfahrungen, die in der einen Welt gemacht werden, nicht zu Bedeutung in der anderen gelangen. Auch wird auf diese Weise der Wünschende der Möglichkeit beraubt, sich zu besinnen. Später, zurück im tatsächlichen Leben, schleppt er die Last seiner Erwartungen mit sich herum wie einen Schuldenberg und flüchtet, wenn sie ihn zu erdrücken droht, auf wunderbare Weise wieder in die Welt der Wünsche. Niemand kann ihm folgen und dort vernünftig mit ihm reden, denn nur er und seinesgleichen wissen den Weg und hüten ihn als Geheimnis.
In meiner neuen Umgebung, liebe Freunde, bei den gemäßigt Zukunftsfrohen, geht es anders zu. Wir halten uns an den Beschluß, nicht länger unter Hoffnungen zu leiden. Wir haben all unsere Erwartungen vor uns ausgebreitet und geprüft; zuerst besahen wir uns jede einzeln, dann kombinierten wir verschiedene miteinander und spürten Widersprüchen nach. Es stellte sich heraus, daß längst nicht alle uns das Leben sauer machten, es waren nur ein paar. Von denen mußten wir uns trennen. Wir haben keine einzige Erwartung aufgegeben, bevor uns nicht erwiesen schien, daß da kein Weg ist. Wir waren nach besten Kräften gründlich, im Zweifelsfall entschieden wir stets zugunsten der Erwartung. Glaubt also nicht, wir seien blindwütig vorgegangen und hätten mit der Axt auf unsere Erwartungen eingeschlagen. Wenn wir nach sorgfältiger Prüfung beschlossen: dieser Wunsch muß weg! – dann nie, weil wir zu faul gewesen wären, uns abzumühen für ihn. Wir hatten nur erkannt, daß nichts aus dieser Sache werden würde, wir hatten eingesehen, daß wir, indem wir weiterhofften, nur unsere Enttäuschung produzierten. So mußte man sich trennen. Das Urteil hieß in solchem Fall: Schön, aber aussichtslos.
Ich will hier nichts beschönigen. Manchmal krampfte sich einem das

Herz zusammen, zum Beispiel wenn ein Alter sagte: Davon habe ich geträumt, seit es mein Vater mir erzählt hat, nun ist die Hoffnung fort. Wir mußten ihn dann fragen, aus welchen Gründen er zu uns gekommen war und nicht zu Ihnen, den unbedingt Zukunftsfrohen. Wir mußten ihm erklären, daß wir die jeweilige Erwartung ja nicht aufgaben, um unsere Zuversicht zu vermindern, sondern um sie zu bewahren.

Da ich den Schritt von Ihnen zu den gemäßigt Zukunftsfrohen vor nicht so langer Zeit getan habe, sind mir die Sorgen noch lebhaft im Gedächtnis, die mich am Anfang quälten. Es kam mir vor, als sei ich ärmer geworden durch den Wechsel, als hätte ich auf einen Teil meines Vermögens ohne Not verzichtet. Und länger als mir lieb war, drückte mich die Frage, ob ich nicht vorschnell so gehandelt hatte.

Inzwischen weiß ich: mein Unbehagen war vergleichbar dem des Trinkers, der schnell zu jammern anfängt, wenn man ihm den Alkohol entzieht. Vom Trinken will er aber loskommen, das möchten beinah alle. Geht er mit seiner Gier zu sanft um, dann bleibt er wohl an seinem Unglück kleben; ist er jedoch so fest entschlossen, wie ich es bei dem Übertritt zu meinem Glück gewesen bin, dann gibt es keinen anderen Weg als durch die Unzufriedenheit hindurch. Und was ihm, solange er von seinem alten Standpunkt aus die Welt betrachtet hat, nur wie ein schwerer Mangel vorgekommen ist – nämlich keinen Schnaps zu trinken – das wird, wenn er geheilt ist, zum Gewinn.

Ich bitte Sie, mir das schiefe Beispiel nachzusehen, liebe Freunde, das gewisse Ungehörige daran ist mir bewußt. Wenn ich es trotzdem nicht hinausgeworfen habe aus meiner Rede, dann weil: ich sehe auch beim Wünschen eine Suchtgefahr. Ich habe ja am eigenen Leibe solche Sucht erfahren, ich habe drei Gläschen stärkster Hoffnung ja täglich hinunterkippen müssen – wie anders sollte die Entzugserscheinung zu erklären sein? Und weil ich weiß, wie mächtig hierbei die Gewöhnung ist, wie sie den Süchtigen von seinem Verstand abtrennt, gerade darum fühle ich mich so erleichtert, wie Sie mich stehen sehen. Ein neuer starker Wunsch hat mich gepackt, genau an jener Stelle, an der die alten Wünsche losgelassen haben: Es soll mir nie ein Rückfall in die Quere kommen.

Verehrte Freunde, man kann sich einen Zustand denken, darin man auseinandergeht in mancherlei Ansicht, im Großen und Ganzen sich aber verbunden bleibt. Genau das ist die Art von Sympathie, der ich Sie versichern möchte; und ich wünsche, es wäre auch umgekehrt so. Meine Zuneigung haben Sie aus den bisherigen Worten wohl gespürt, wenn nicht, dann nehmen Sie sie bitte jetzt zur Kenntnis.

Ich habe schließlich einen Auftrag zu erfüllen: Im Namen des Verbandes der gemäßigt Zukunftsfrohen habe ich Ihnen die Zusammenarbeit vorzuschlagen. Es lag uns ein anderes Angebot vor, das wollen wir nicht verschweigen, die Vereinigung der Hoffnungslosen trug uns die Zusammenarbeit an. Wir haben abgelehnt, obwohl ein paar von uns der Meinung waren, wir sollten akzeptieren. Zusammenarbeit bringe einander näher, sagten sie, sie führe folglich die Hoffnungslosen heran an uns. Wir haben auch um Ihretwillen abgelehnt, die Partnerschaft mit Ihnen ist uns wichtiger. Wir hätten es, wie mancher bei uns wollte, mit Ihnen und zugleich mit denen versuchen können; doch glauben wir mehrheitlich, daß Bindungen nach allen Seiten zwar hübsch anzusehen, jedoch von Nachteil für die einzelne Beziehung sind. Ganz abgesehen davon, füge ich unter uns hinzu, daß gemäßigt zukunftsfroh zu sein ja nicht bedeutet, prinzipienlos zu sein. Mit Ihnen also oder mit den Hoffnungslosen, darauf lief es hinaus, und unsere Entscheidung haben Sie gehört. Lieber als bei den Hoffnungslosen erlangten wir bei Ihnen Einfluß, wie wir auch lieber Ihrem als deren Einfluß ausgesetzt sein möchten. Mit Spannung wartet man bei uns auf Ihre Antwort.

Liebe Anwesende, ich wünsche Ihrer Tagung Erfolg. Befürchten Sie nicht, mir und meinen Freunden sei Ihr Mißerfolg willkommen. Da er uns nicht den kleinsten Nutzen bringt, warum sollten wir ihn herbeiwünschen? Ihre Enttäuschungen schmerzen auch uns, vielleicht nicht ganz so heftig wie Sie selbst, doch spürbar. Die Enttäuschungen werden nicht ausbleiben. Sie werden in immer kürzeren Abständen auftreten und irgendwann, so fürchten wir, Sie schier erdrücken. Wir wünschen Ihnen dann den Mut, nicht in alte Erwartungen zurückzuflüchten, sondern jede einzelne zu überprüfen am wahren Stand der Dinge. Wir versichern Sie der Erkenntnis, daß Fortschritt auch in Ernüchterung bestehen kann.

Dieter Schlesak *Zur Deutlichkeit von heute und zur Melancholie der Mörder von gestern*

Wer zurück sieht
muß schwimmen lernen
schon wie jenseits ist unser Auge
zuckt dann und fällt
in ein Meer von Blut

Anruft aus großer Entfernung
die Mutter das Kind
und nah was ersehnt
ertränkt Illusionen von jeh
und nicht mal die/ liegengelassenen
Häute lassen sich abschürfen hier
im Gewesenen der Gegenwart
der Aus-der-Haut-Gefahrenen

Und darüber Distanzen der Schuld
die brachen ein/ das Denken versagt
in ein Fremdwort
Tabuzonen Gefühle aber schreien

Bis dann die deutsche Schwermut
langsam wieder kam

An der geschwärzten Wand
ein Kinderbild blaß
starrt bis zum Tod uns nun an
Kaninchenhaut auf eine Haut
der alten Schlange.

Christoph Meckel *Drei Gedichte*

Wir legten die Nutte (an der jeder mal
sein Glück versucht hatte) hinter den Billardtisch
auf zusammengeschobene Stühle und spielten weiter.
Sie blutete nicht mehr. Das Gesicht erloschen
schöner im Tod als im Bett,
leicht, gleichmütig, wunschlos.
Wir tranken und rauchten wie immer,
die Bälle klickten
und keiner ging an das Telefon und keiner
verschwand durch die Hintertür. Kein Witz verletzte
die Unschuld der Toten.

Lange noch dachte er: das kannst du dir sparen, du kannst
auf Details verzichten und deine Prunkstücke zaubern
aus der Höhe des Sperbers. Das hältst du besser da raus:
Haut, Sperma, Verlustgeschäfte und was sie verbindet:
den brennenden Atem. Zu spät. In der Nacht allein
erschlug ihn Erinnrung an Julia und ihren Namen.
Er kam nochmal hoch und bellte ihn, einmal für immer.

Den Toaströster will sie haben. Das andre kann weg.
Den Toaströster kann sie noch brauchen. Der Seidenshawl
kann weg, das Kopftuch, die Weingläser, ihre Bluse
mit dem Grasfleck aus Kuckuckstagen, die Sanduhr
das venezianische Öl und die Verse von Puschkin.
Alles kann weg. Geschmissen werden.
Verzweifeln an einem Gebrauchsgegenstand.

Amts Sü-Hus. Aber die Buchstaben sind anders. Es sind *mehr* Buchstaben. Auf dem Schild steht Sygehus – mit Y. Die mittlere Silbe wird verschluckt, wie oft im Dänischen. Amts Sygehus. Um das zu verstehen, muß man nicht dänisch können. Amts heißt Amts. Das Amt ist das Kreisamt, der Bezirk. Der Bezirk Gentofte, der ein Dorf war, bevor Kopenhagen groß wurde. Ein Dorf mit einem Amtmann. Sygehus heißt Siechenhaus, Kopenhagener Bezirkskrankenhaus Gentofte. *Sü*, geschrieben *syge*, *siech*, auf englisch »sick«, ist ein altes Wort für Kranksein: Siechen. Dahinsiechen.
Hier in diesem großen, halbdunklen Raum ist niemand krank. Niemand siecht dahin. Hier herrscht Ruhe.
Ruhe. Noch nie zuvor kann man so genau gewußt haben, was Ruhe ist.
Vor vielen Jahren, in einer unerschlossenen Tropfsteinhöhle, ist einem die Lampe aus der Hand gefallen und erloschen. Da war es finster. Kein Unterschied, ob man die Augen öffnete oder zumachte oder nach einer Weile wieder öffnete. So ist jetzt diese Ruhe: Kein Unterschied, ob man atmet oder zu atmen aufhört, ob man horcht oder ob man nichts mehr hören will, ob man hinsieht oder ob man nicht hinsieht.
Als Kind, wenn man am Morgen erwachte und krank war und zuerst nicht fühlte, als daß die Hände schwer und schwerfällig waren, glaubte man, die Finger seien über Nacht dicker geworden. Wenn man die Faust ballte, schien jede Bewegung in den Fingern sehr lange zu dauern und irgendwie nachzuhallen, ähnlich wie ein Echo, ganz zuletzt, wenn man es nicht mehr hören aber noch spüren kann. So ist es jetzt mit dem Hinsehen: Die Augen sind schwerer geworden und es dauert lange, und es hallt dann irgendwie nach. Nicht, daß das Licht zu schwach wäre. Nein, der Mann, der die Türe zum halbdunklen Raum geöffnet hat, muß in dem Raum eine Lampe angeknipst haben. Kein Scheinwerfer, aber hell genug.
Nur das Gesicht. Das Gesicht und das Haar. Das Gesicht und das Haar und der Hals. Das Gesicht und das Haar und der Hals und die weiß verhüllten Schultern und Arme. Und die Hände. Sonst nichts, aber das ist alles.
Das Gesicht und der Hals, umrahmt und umgrenzt von einer Art weißem Spitzenkragen. Nicht wirklich Spitzen. Billiger Stoff oder

auch Papier. Ungewiß, ob Stoff oder Imitation. Ungewiß und unendlich unwichtig. Aber sehr weiß und sehr altmodisch.

Die Frauen, die so etwas getragen haben, müssen schon lange tot sein. Schon lange. Wenn das etwas heißt. Wenn man lange tot sein kann. Wenn es da *lang* und *kurz* gibt, wenn man nicht nur entweder leben oder totsein kann. Totsein. Ob es dann eigentlich noch heißen kann »man ist tot«? Oder »Ein Mann ist tot«? Oder eine Frau oder irgendwer? Oder *ist,* oder *gewesen,* oder überhaupt noch etwas außer *tot*?

Und ob dieses Gesicht noch ein Gesicht ist? Neben einem, im Halbdunkel, sagt der, der einen kennt, mit dem man hergekommen ist, leise aber ganz deutlich auf Englisch: »I don't feel that this is still *her.*«

Er hat nicht das Gefühl, daß das noch *sie* ist. Man hört diese Worte und man versteht sie, uns sie betreffen einen nicht. Die Stimme ist deutlich hörbar, aber sie hat die Ruhe nicht unterbrochen. Wenn man sie nicht deutlich gehört hätte, oder nicht *alles* deutlich, oder wenn man sie gehört aber nicht verstanden hätte, wenn man vielleicht nicht Englisch verstanden hätte, dann wäre sie ein Geräusch gewesen. Dann *hätte* sie die Ruhe gestört. Aber das Geräusch der Worte ist in ihrem Sinn aufgegangen, und der Sinn ist in etwas anderem aufgegangen, als man zu dem Gesicht hinsah. Der Sinn betrifft einen nicht mehr.

Dieser Mensch soll also kein Mensch mehr sein. Dieses Gesicht soll also kein Gesicht mehr sein. Aber dieses Gesicht ist ein Gesicht. Dieses Gesicht ist und ist ein Gesicht. Dieses Gesicht ist ganz und gar ein Gesicht, das man kennt und das man kennen wird, wie man es noch nie zuvor gekannt hat.

Dieses Gesicht ist und ist und ist. Es gibt nichts, was so *ist* wie dieses Gesicht, es gibt nichts, was so dauert wie dieses Gesicht, obwohl man nicht einmal weiß und sagen kann, ob die Augen offen oder zu sind. Obwohl man nicht weiß und nicht sagen kann, ob es schärfer oder weicher geworden ist als es war, zuletzt oder früher oder viel früher.

Dieses Gesicht ist dieses Gesicht, und die Schultern sind diese Schultern, und diese Arme und diese Hände *sind* diese Arme und diese Hände, der Arm und die Hand auf der anderen Seite, und der Arm und die Hand auf dieser Seite, die Hand mit dem Finger, der einen Ring trägt. Und eine Stimme, eine Stimme, die zuvor an der Türe gefragt hat, wer man ist und wen man sehen will, fragt jetzt, ob der Ring abgenommen werden soll. Und die andere Stimme,

die man kennt und die englisch gesprochen und gesagt hat »I don't feel that this is still her«, sagt jetzt dänisch: »Nej«, und man antwortet mit und schüttelt im halbdunklen Raum verneinend den Kopf. Der Ring soll *nicht* abgenommen werden.
Es gibt einiges, was es nicht gibt. Es gibt eine Aufmerksamkeit, die keine Aufmerksamkeit ist. Es gibt ein Sich-umsehen, das nicht sieht, das glaubt, voll Ruhe zu sein, und das vielleicht so ruhelos ist wie sonst nichts, und das eigentlich nichts will als nur einem Gesicht ausweichen, oder das doch wenigstens noch irgendetwas außer diesem Gesicht sehen will, und außer den Schultern und den Armen und den Händen und dem Ring am einen Finger und dem altmodischen weißen Spitzenkragen. Es gibt ein aufmerksames Insichaufnehmen aller Einzelheiten des halbdunklen Raumes, das es aber zugleich *nicht* gibt, weil man nachher nicht einmal mehr wissen wird, ob es da Stufen gab oder nicht, und ob da Bänke und Stühle gestanden haben, und ob es noch eine zweite Lampe gab. Es gibt ein Nichtsehenwollen dieses Gesichtes, obwohl es nichts gibt als das Nochsehenwollen dieses Gesichtes. Es gibt eine Ruhe und eine Würde, die es nicht gibt. Denn die Ruhe und die Würde eines toten Menschen ist keine Ruhe und keine Würde, genau so wie sie keine Unruhe und keine Würdelosigkeit ist. Es gibt sie genau so wenig wie es einen Himmel gibt, der nur die Leere Luft über der Erde ist und nur der leere Raum über der leeren Luft ist. Und doch gibt es den Himmel, den es nicht gibt, und die Ruhe und die Würde, die es nicht gibt.
Die Ruhe und die Würde der Toten. Das ist Unsinn. Jeder Stein liegt so ruhig, jedes Stück Holz, jede weggeworfene Flasche. Man könnte genau so gut den offenen Särgen Ruhe und Würde zuschreiben wie den Toten, die in ihnen liegen. Das stimmt. Aber es betrifft einen nicht, daß es stimmt. Unsinnige Ruhe und Würde ist immer noch Ruhe und Würde. Ruhe und Würde wie nichts sonst. Jemand hat gesagt, die Toten zerfallen nur deshalb, weil die Natur ihre Ruhe nicht lange ertragen kann. Auch das ist Unsinn. Unsinn von derselben Art. Wenn die Toten nicht zerfielen, dann gäbe es nichts, was so dauerhaft wäre und so wirklich wie die Toten. Dann wäre alles anders. Dann könnte man sich an die Toten gewöhnen und müßte sich nicht von ihnen trennen. Dann müßte man nicht sagen, daß das gar nicht mehr sie sind. Dann würde man die Toten im täglichen Leben um sich *haben* und gebrauchen, wie man Hausrat gebraucht, Möbelstücke. Dann wären sie da, im Zimmer und in der Küche und auf dem Treppenabsatz

und im Garten, dann könnten sie manchmal eine Stütze für Bücherbretter oder für Lampen sein, oder für Esser und Trinker oder für Liebende, oder sie könnten im Kinderzimmer an der Wand lehnen, sodaß kein Kind allein sein und sich vor dem Einschlafen fürchten müßte. Dann wären die Toten so da wie die Lebenden, die dann nicht immerzu vergessen könnten, daß sie sterben, aber denen die Toten die Angst vor dem Tod nehmen würden. Das alles ist Unsinn.
Die anderen sind fort. Nur das Gesicht ist da, und der weiße Spitzenkragen ist da, und die Schultern sind da, unter dem weißen Stoff, und die Arme und die Hände, und der Ring an der einen Hand ist da, und das, was *nicht* wie ein offener Sarg aussieht. Aber nichts ist *so* da wie das Gesicht. Das Gesicht, das das Gesicht ist, das es nicht mehr ist. Das Gesicht, das immer das Gesicht bleiben wird und das man sieht, wie man es noch nie gesehen hat, obwohl man nicht einmal weiß, ob seine Augen offen oder geschlossen sind, und obwohl man das auch nie mehr wissen wird.
Das Gesicht ist größer, weil es näher ist. Über dem Gesicht gibt es eine Stirne mit kurzem Haar. Dieses kurze Haar berührt man mit den Lippen und riecht es mit der Nase. Es riecht, wie es früher gerochen hat. Nichts hat sich geändert. Die Hand mit dem Ring ist größer, weil sie näher ist. Die Hand mit dem Ring ist groß und man berührt sie mit den Lippen. Sonst nichts, aber das ist alles. Alles ist ruhig. Alles ist so ruhig wie sonst nichts.
Die Stimme, die gefragt hat, ob der Ring abgenommen werden soll, ist wieder da. Eine Schere ist da, und man nimmt sie in die Hand. Zwei oder drei sehr kleine Büschel von Haarenden werden abgeschnitten und kommen in einen Briefumschlag, der zugleich mit der Schere gekommen ist. Auf dem Briefumschlag steht:
Københavns Amts Sygehus
1 Gentofte
2900 Hellerup
Irgendwann wird man diese Worte vergessen. Aber jetzt will man vergessen, daß man vergessen kann.
Der Briefumschlag wird zugeklebt und kommt in die Brieftasche, die man bei sich trägt. Kein Andenken, sondern ein Wunsch, etwas wegzuwerfen. Ein Wunsch aus diesem Gesicht, als dieses Gesicht noch nicht so war wie jetzt, als es noch Worte sprach. Worte, daß nicht *alles* hier in diesem Land verbrannt und vergraben werden solle, wenn es in diesem Land sein werde, sondern daß *etwas* in einem anderen Land sein und dort weggeworfen werden solle,

verstreut, in England, unten in Sussex, an einer Stelle im Freien. An einer Stelle, die dieses Gesicht gerne gesehen hat.
Es war vielleicht schwer für das Gesicht, so einen Wunsch auszusprechen. Gleich auf den Wunsch waren fragende Worte gefolgt, ob so etwas gewünscht werden könne, ob so etwas nicht dumm sei. Jetzt spricht dieses Gesicht keinen Wunsch mehr aus. Aber jetzt ist es nicht schwer gewesen, so etwas zu tun. Jetzt ist es nicht schwer gewesen, die Haarenden abzuschneiden und in einen Briefumschlag zu legen. Und jetzt wird es vielleicht nicht schwer sein, sie nach England zu bringen, an die Stelle unten in Sussex, und sie auszustreuen. Das ist einfach. So einfach, wie einem kleinen Kind, das weint, Milch zu geben.
Das Gesicht über dem Spitzenkragen hat kleine Kinder gesehen und hat zu ihnen gesprochen, während sie zu weinen aufhörten und Milch tranken. Es war noch nicht *dieses* Gesicht, aber es war *doch* dieses Gesicht.
Der Mann, der die Schere und den Briefumschlag gebracht hat, der nach dem Ring gefragt hat, der die Türe zu diesem halbdunklen Raum geöffnet hat, der die Lampe angeknipst hat, ist da. Er ist da und sieht einen an. Er ist da und begleitet einen zur Türe. Die Lampe scheint immer noch auf das Gesicht. Man geht hinaus. Nicht allein. Der, mit dem man hergekommen ist, der, den man kennt, der, der auf die Frage nach dem Ring »Nej« gesagt hat, kommt mit ins Freie. Aber der Mann, der die Lampe angeknipst und nach dem Ring gefragt hat, ist nicht mit herausgekommen. Er ist zurückgeblieben, in dem Raum, der durch die halboffene Türe dunkler aussieht als zuvor. Die Türe schließt sich von innen.

Wer das Schwert nimmt, wird durch das Schwert umkommen, sagt Jesus Christus. Man sollte diesen Satz über das NATO-Hauptquartier in Brüssel und über das Oberkommando des Warschauer Paktes hängen. Er stimmt nämlich.

HEINRICH ALBERTZ

Karl Krolow *Sterblich*

Sterblich – das fängt überall an
im Skelett, mit dem man weiterlebt,
während Finger über Weichteile streichen.
Habe ich recht? Es ist die einzige Zeit,
mit der sich leben läßt,
menschenscheu, man hat seinen Vorrat Luft,
atmet flach bei richtiger Beleuchtung,
versteckt sich in einem grauen Flanellanzug
und hat im Normalfall
Glück mit der nächsten Stunde,
mit der Ähnlichkeit der Dinge,
wenn sie im rechten Licht stehn.
Versuche weiter, geradeaus zu gehn
und deinen hierorts unbekannten Namen
für dich zu behalten.
Du bist ohnehin nicht beobachtbar
wie Liebespaare, die
hinter der Wand beliebiger Zimmer
zu heftig ausatmen und tatsächlich
sterblich sind, ihren Stoffwechsel verschwenden.

Seminare, Seminare

an langen Tischen und abgeschminktem Stuck
hantieren Männer mit elaborierten Satzgehäusen
die Frauen bieten nur Kurzgesprochnes, halten
die Stirn an den Wind, der vom Fenster her
Rauch aus dem Zimmer treibt übern hinteren Hof
wo der Salbei wächst und der Kindersopran und
Stimmen außer Rand und Band

RENATE FUESS

Heinz Czechowski *Unwirsche Auskunft*

Irgend etwas
Muß ich falsch gemacht haben, denn schon
Zeihen mich unverbesserliche Pessimisten
Des Pessimismus. Freilich,
Mein Wohlstand ist unermeßlich: Ich nenne
Eineinhalb Zimmer mein eigen, auch
Fahr ich ein Auto älterer Bauart und schlafe
Im Wechsel mit mehreren Frauen.
Erträglich scheint mir der Zustand
Meiner Gesundheit: Ich lebe
Mit meinen Krankheiten
In einem erträglichen Ein-
Vernehmen. Was also wollt ihr von mir?
Gut,
Ich gebe ja zu,
Daß ich meinen Lebensplan
Bisher nicht aufgehen sah.
Aber ich tröste euch, denn
Auch die Baumeister gotischer Dome
Sahn kaum die Vollendung
Ihrer Entwürfe. Also, Freunde,
Was wollt ihr?
Bleiben wir bei der Sache: Was
Nehmen wir mit,
Wenn der Morgen dämmert
Vor den verrauchten Zimmern,
In denen wir uns
Über Gott und die Welt unterhalten?
Irgend etwas,
Ich weiß es,
Haben wir falsch gemacht.
Also,
Was wollt ihr von mir?

Rainer Malkowski
Verhaltene Lobrede auf Kapitän Cook

Man kann sagen, daß er Hawaii,
Neukaledonien
und die Ostküste Australiens
entdeckt hat.
Bitte sehr.
Daß die Nachgeborenen auf seinen Routen
nicht glücklicher reisen,
wollen wir ihm nicht ankreiden.
Nicht schmähen
wollen wir Ungläubigen
seinen Glauben, daß Entdeckungen
sich lohnen.
Rühmen aber
wollen wir,
was nicht in den Lexika steht:
wie oft seine Mannschaft die nasse
Kleidung wechseln durfte,
daß er mit Bierwürze und Sauerkraut
Skorbut bekämpfte,
wie selten er kielholen ließ
und daß auf seinen Schiffen
weniger geprügelt wurde.
Er war, wenn nicht großherzig,
so doch immerhin ein Mann
der nützlichen Maßnahme.
In den Flauten
gleichmütig
und schwer zu beirren,
wenn der Nebel zäh
und milchig
über den Mast floß
bis niemand mehr die Hand
vor Augen sah.

Jürgen Theobaldy *Licht*

Als ich den verdorrten Hang
hinabstieg durch den Staub,
der Bus war weg, vorbei
mit festgeklemmten Türen,
sah ich die Insel treiben
weit im Dunst, kein Laub,
ich sah das Wasser funkeln
durch Geschlossenheiten
von Stille, Licht und Nachmittag,
ich sah die Wellen,
aufgeblättert sacht vom Wind.

Der Sommer ging und blieb
in diesem Augenblick
noch für ein nächstes Jahr.
Ich ging, ich stand, war da
und hatte nichts dabei,
kein Brot, kein Wasser,
keinen Beutel Trauben,
nur diesen Anblick,
dieses fernenleichte Blau
in Räumen, in den Augen.

Ja, warum nicht

Gemäß Nerudas Buch der Fragen
hab ich den Piloten gefragt
warum der Hubschrauber nicht lernt
aus der Sonne Honig zu saugen.

Er lachte
doch eine Erklärung
konnte er nicht geben.

Warum sagte er nicht
das erlösende Wort: Ja
warum eigentlich nicht?

CHRISTOPH MANGOLD

Gustav Ernst *Zwei Geschichten*

Konsequenzen

Ich fühle mich vernachlässigt. Ich habe keinen Kontakt zu anderen Menschen, denn aus dem Kontakt kann sich ein ständiger Kontakt entspinnen. Die Vertrautheit, die sich daraus ergibt, dient der Überwachung und Beeinflussung, der ich alsdann unterworfen bin durch andere. Ich kenne niemanden, mit dem ich Kontakt pflegen möchte, außer mit meiner Familie, mit der möchte ich Kontakte pflegen. Ich habe meine inzwischen erwachsenen Kinder angewiesen, mit mir den einer Familie entsprechenden Kontakt zu pflegen. Aber nach anfänglichem öfteren Beisammensein beginnen sie mir wiederum auszuweichen. Sie verbergen, was mein Interesse erwekken könnte. Sie haben durchblicken lassen, daß ich die Kontakte dazu ausnützte, ihr Treiben zu überwachen und zu beeinflussen, und all das, was sie sich bereitgelegt und was sie für nötig zu tun erachtet hätten.

Bauernhof

Hinter dem Baum kommt ein Huhn hervor und beschaut die Gegend. Ein weiteres Huhn, denn so manches Huhn kann hier angetroffen werden, zieht den Gemüsegarten entlang gegen den Heuschober. Vom Fenster aus sieht man die Kuh das nahrhafte Euter tragen. Bei Gelegenheit hebt sie gemächlich ihr Gesicht aus dem Grasbüschel und blinzelt gegen die Fliege hin oder heftet ihren Blick auf des Wanderers Kniehose. Auch in der Sonne kann man sie finden, wie sie darniederliegt im Essen, hervorzieht das Vergangene, um an ihm zu kauen. Wer von den Dingen ist wohl am schelmischsten anzuschauen. Was wohl spitzt unweit von hier ein schlankes Ohr nach dem anderen. Kaninchen sinds, die freien Fußes sich zuweilen im Pelzchen wärmen.

Michael Buselmeier *Träumerischer Abend*

Abendlicht fällt ins grüne Zimmer
vom Garten her, grüne Tinte
meine Mutter und ich
sitzen vorm Fernseher
auf der Marmorplatte
des altmodischen Waschtischs
die Sendung läuft ohne Ton
Metallverzierungen am Kopfteil des Bettes
Geruch von Pelzen
die Haare meiner Mutter
im Stil der frühen 50er Jahre
Vor unserem alten Kleiderschrank
sitzt Bertolt Brecht
mit überschlagenen Beinen
Was machst du da?
Ich sehe fern
mit dem Rücken zur Wand
Blätter vom letzten Jahr
knacken im Gehör
Die Kamera zeigt Samuel Beckett
an seinem 70. Geburtstag
während er eine Straße entlanggeht
und lange am Fenster seiner Wohnung.

mir schwebt
nichts vor
doch ist
um mich
ein flattern

ERNST JANDL

Jörg Burkhard *Zwei Sommergedichte*

wunder am sonntagnachmittag

ein geballter mann
kam mit zwei frauen herein
die vor lauter katholisch
kaum laufen konnten
aber um alles nicht
sich an den ersten tisch
setzen wollten
den der mann
für den besten gehalten hatte
sie mußten sich
an den hintersten quälen
bekamen alle drei
volle grüne gläser
und als sie kurz darauf
verschwunden waren
standen drei gläser
weiß und limonadenlos da

der dachdecker und die sonne

meter für meter
deckt er ziegel auf ziegel
den leeren
stuhl auf dem haus
so geht
die zeit
dahin
und am abend
als er am first
in der sonne steht
hat er ein tagwerk gelegt
aus gebrannter erde

für uns
im haus
gegenüber
geht die sonne nun
früher unter

Helmut Heißenbüttel *Drei Herbste*

Herbst der singenden Menschenaffen

Die Gibbons, Menschenaffen, die in neun verschiedenen Arten in den Regenwäldern Südostasiens leben, sind die einzigen nicht menschlichen Säugetiere außer den Walen, die singen können. Der Gesang besteht aus verschiedenen Sätzen in regelmäßiger Reihenfolge, etwa zwei bis fünf in einer Minute. Singstunde ist zweimal am Tag. Zunächst vor Sonnenaufgang noch von den Schlafbäumen aus. Es singt vor allem das Männchen. Nach dem ersten Frühstück folgt der Morgengesang, bei dem das Weibchen nach einigen Minuten einfällt, zunächst einige Sätze mitsingt und dann einen lang anhaltenden Ruf ausstößt. Solange dieser dauert, ist das Männchen still. Gibbons singen auch in Gefangenschaft. Wo ein zoologischer Garten im Zentrum einer Großstadt liegt, mischen sich in den Morgenstunden die wohlklingenden Gibbonlaute mit den chaotischen Geräuschen des vorbeiflutenden Verkehrs. Darüber wäre wohl viel noch zu sagen.

Suppenkaspar Syndrom Herbst

Die Kinderpsychiater Marthias Martin und Iris Dauner berichteten kürzlich über ein Leiden, das als Suppenkaspar Syndrom bezeichnet wird. Durch Nahrungsmitteleinschränkung kann es zur schweren Auszehrung und sogar zum Tod führen. Es zeigten sich stets auch typische Magersuchtsallüren, wie Bevorzugung kalorienarmer Speisen, zähes Verhandeln um notwendige Nahrungsmengen, Verstekken von Essen, aber auch heimliches Naschen mit darauffolgendem Erbrechen. In psychosozialer Hinsicht fand sich nicht selten eine Zugehörigkeit zu besonders sexualfeindlichen, überreligiösen Familien. Der Erziehungsstil der Mutter, mitunter der Großmutter, war sowohl überbehütend als auch einengend. Häufig bot sich das Problem des Nichterwachsenwerdenwollens, gekoppelt mit dem intensiven Wunsch, die Mutter als Ernährerin nicht zu verlieren. Darüber wäre wohl viel noch zu sagen.

Marsch durch die Institutionen Herbst

Nicht ein Linksextremist, wie in der Zeitung stand, sondern einer, der vielen Parteien und Gruppen zugehört hatte, Überläufer an vielen Fronten, war es, der, auf seinem langen Marsch durch die Institutionen zum schweren Alkoholiker geworden, nur noch durch das Absingen der Internationale aus dem Rausch geweckt werden konnte. Darüber wäre wohl viel noch zu sagen.

Oskar Pastior *Über meinen Schlaf*

Früher, wenn ich einschlief, kam der Schlaf. Heute,
wenn der Schlaf kommt, schlafe ich schon tief. Der
Schlaf kam damals später, jetzt schlafe ich früher

ein. Wenn ich tief schlafe, kommt es vor, daß der
Schlaf, wenn er dann kommt, mich noch einmal weckt,
bevor ich weiter tief schlafe. Früher war das so:

ich schlief, und der Schlaf kam. Bloß wenn ich auf-
wachte, war er wieder fort – ein unruhiger Gast.
Jetzt kommt und geht er etwas ruhiger, während ich

schlafe, und manchmal ist er plötzlich da, wenn ich
wach bin. Dann wache ich auf und sehe, daß er da
ist. Es geht mir der Schlaf durch den Kopf, auch

jetzt, ich kann nicht einschlafen, bevor er geht:
dann muß er wohl kommen. So ist es jetzt anders wie
früher. Er kommt und er geht, ich bin wach und ich

schlafe. Manches geht mir durch den Kopf, der im
Unterschied zu früher dem Schlaf immer unähnlicher
wird: auch er kommt und geht, auch er weckt mich

hin und wieder, während ich denkend ihn schlafen se-
he, bevor der Schlaf kommt, diese beunruhigende Ru-
he, die keinen Schlaf kennt, auch wenn ich wach bin.

Ein Dichter scheitert an seiner Frau

Nach dem Reimen sagte er zu Alma:
So, nun spielen wir mal Halma!
Weil insgeheim ich schiele,
lange schon auf neue Spiele.

Sie drauf ungerührt und heiter:
Hopp, Franz! Werfel weiter. GERNOT EIGLER

Stephanie war von Beginn an sehr eifersüchtig gewesen (grundlos zunächst, wie Kirsch es sah) und hatte zu Dramen geneigt, plötzlichen Auftritten, überraschenden Abgängen, immer wieder war sie plötzlich verschwunden, aus dem jeweiligen Lokal, der jeweiligen Wohnung gelaufen, und der um einige Jahre jüngere Kirsch hatte sie suchen, mit ihr reden, ihre Bedenken entkräften, auf sie einreden müssen, um dann wieder ausgiebig Versöhnung zu feiern. So beschwerlich und gegenüber Dritten oft auch peinlich das für Kirsch gewesen war (nichtige oder mißverständliche Anlässe), so hatte andrerseits all das in Kirsch bald ein Gefühl der Überlegenheit, Souveränität, ja eine Selbsteinschätzung begründet, die behauptete Eifersucht überhaupt nicht zu kennen – Eifersucht, lächerliches Besitzrecht dummer Leute, eine Krankheit im Grunde. (Einmal, ein Gespräch auf einer Wiese, im hohen Gras, im hellen Mittagslicht, hatte Stephanie plötzlich gefragt, ob Kirsch sich vorstellen könne, mit einer anderen Frau zu schlafen, und Kirsch hatte mit ja geantwortet, Stephanie auf die Gegenfrage mit nein – aber das sei »ab nun ohnehin gleichgültig«. Danach hatten sie heftig gestritten: Stephanie hatte behauptet, wenn Kirsch sich das vorstellen könne, dann wünsche er das auch und er solle es bloß schleunigst tun; Kirsch hatte ihr erbost entgegengehalten, wenn sie behaupte, es sich nur mit ihm vorstellen zu können, dann lüge sie entweder oder etwas stimme nicht mir ihr!)

Nach vielleicht sieben Monaten Zusammenleben, die Kirsch aber betrachtete, als wären es sieben Jahre gewesen, begann er immer häufiger darauf zu dringen, die Beziehung nun endlich zu überdenken, zu analysieren, zu beider Vorteil zu verändern – bald forderte er es laut und empört, bald schlug er es leise und listig vor, bis schließlich die Erörterung jedweden Problems in dieses Thema mündete. Das kapitalistische Gesellschaftssystem könne nur aufrechterhalten werden durch Monogamie, Zweierbeziehung, Kleinfamilie; jede Unterdrückung sei im Grunde Triebunterdrückung, ja Unterdrückung überhaupt durch Triebunterdrückung erst möglich. Wenn zwei Menschen lange, zu lange, zusammenlebten, ausschließlich, was passierte denn? Irgendwann gerieten sie so sehr in Abhängigkeit voneinander, daß man sie – das Paradoxon des falschen Bewußtseins, der Gewohnheiten, der liebgewordenen Sklaverei – zu ihrer Befreiung zwingen müßte! Wie sogar Freud zugebe,

sei eine ausschließliche Beziehung sexuell nur drei bis fünf Jahre befriedigend, auch der hervorragende Satz »Libido ist ebenso labil wie klebrig« treffe den Sachverhalt sehr genau; auch Reich schreibe in manchen Schriften sehr einprägsam, daß man in anderen Bereichen wohl auch niemandem zumuten werde, jeden Tag Schnitzel zu essen oder denselben Anzug zu tragen. (Mit dem Schnitzel aber war er schön angekommen! Ich lasse mich nicht mit einem Schnitzel vergleichen, hatte Stephanie bleich im Gesicht vor Zorn, gerufen, und ich bin schon gar nicht dein Anzug! Jedenfalls könne ein, um dieses mißliche Wort zu gebrauchen, *Partner* niemals alle Wünsche und Bedürfnisse des anderen erfüllen; in diesen nicht abgedeckten psychischen Bereichen entstehe frei flottierende Libido, die sodann in Angst umschlage oder nur im neurotischen Symptom gebunden werden könne. Auch Sympathie sei ja schließlich eine Form libidinöser, fast schon sexueller Zuneigung; wenn also Stephanie zum Beispiel jemanden sympathisch finde, erklärte Kirsch, sei das nicht sehr viel anders, als wenn *er* mit einer anderen Frau zu schlafen begehrte. Wenn Stephanie unwillig unterbrach und sich erkundigte was er –, worauf er denn eigentlich hinaus wolle, ob es eine bestimmte Frau sei, mit der er zu ficken beabsichtige, antwortete Kirsch, es seien nur theoretische, grundsätzliche Erörterungen, er wolle ja nichts überstürzen, wenn sie selbst von den Vorzügen dieser neuen, zukünftigen Lebensweise, der *Kommune,* überzeugt sei, werde sich alles von selbst ergeben. Obwohl, natürlich: auch wenn nur ein Teil den Schritt wage, sei es für beide von Vorteil, weil der andere Teil mit dem einen sich identifizieren könne.
Außerdem, die Kinder! Sollten sie genauso aufwachsen, wie ihre Eltern herangezogen wurden, in dieser Enge und Einöde von Vater-Mutter-Kind? Nein, eben. Viele Mütter und viele Väter, auch Freud betone, wie förderlich viele Bezugspersonen der Entwicklung eines Kindes wären. Daher: Revolutionierung auch des Privatlebens, Aufhebung des gegenseitigen Besitzrechtes! Kollektiv, Geborgenheit in der Gruppe, Promiskuität – aber so sehr er Stephanie beredete, bedrängte, ihr ein Loch in den Bauch redete, er stieß auf Ablehnung: Warum solle sie, erklärte Stephanie, wo sie Kirsch so mochte, mit jemand anderem schlafen? Sie habe schon Männer genug gehabt, aber so wie mit Kirsch sei es noch mit keinem gewesen, warum also? Als Gruppe leben, durchaus, und neben einander, wenn es sich irgendwann ergebe, vielleicht, aber durcheinander vögeln, nein, wozu? Oder willst du alles kaputtmachen?

Später, unter dem Druck plötzlich hereingebrochener Ereignisse, war Kirsch gezwungen, verschiedene Auffassungen und Einschätzungen zu ändern, und wie! Stephanie hatte sich Hals über Kopf in einen zu Besuch weilenden Bekannten verliebt und war, dessen inne geworden, ihm einen Tag nach seiner Abreise nachgefahren (eine Anziehung, so stark, daß sie sich ihr nicht widersetzen könne) und eine Woche ausgeblieben; ein Monate währendes Dreiecksverhältnis war entstanden.
Kirsch, gefangen in seinen »Theorien« vom Ausleben der Bedürfnisse, seinen Behauptungen, Eifersucht nicht zu kennen (nun hatte er Gelegenheit, sie kennenzulernen, obwohl er die eingetretene Entwicklung ja freudig hätte begrüßen müssen), mußte seine Niederlage – *Niederlage! Sieg! Krieg! Kampf!* –, die beschämende Niederlage eines Angebers überdies, einbekennen. Aber was tun? Wenn er seiner Eifersucht, dieser neuen Erfahrung, zu der bis jetzt lediglich kein Anlaß bestanden hatte, zu sehr nachgab, würde er für die Zukunft alles verderben; auch in der größten Bestürzung stellte er noch Berechnungen an, den Einbruch sah er auch als späteres *Guthaben,* sollte er einmal – wann endlich? – in eine solche Situation geraten. Also versuchte er sich einerseits zu beherrschen (was ist denn schon passiert, was darf das einem alten Feind der Monogamie ausmachen? Kirsch! Oder solltest du besser Hirsch heißen?) und *tolerant* zu sein (Ja, du duldest es, aber du bejahst es nicht!, rief Stephanie manchmal), andererseits konnte er nicht alles, ohne Schaden zu nehmen, hinunterschlucken. Einmal wöchentlich zumindest mußte er sich entlasten, was sich in Anfällen äußerte, womit er sich aber erst recht schadete. Er schrie und tobte herum, erhob Anschuldigungen, Vorwürfe, daß es so auch wieder nicht gemeint gewesen wäre mit der Freiheit, von einem Dreieck sei überhaupt nie die Rede gewesen, oder sei jemals von einem Dreieck die Rede gewesen, Promiskuität, schon, aber Dreieck, nein, überhaupt seien solche Beziehungen zu anderen nur sinnvoll und befriedigend, wenn sie synchron sich entwickelten, also kein Dreieck, sondern ein Viereck, wenn schon. – Stephanie erklärte zu solchen Wutausbrüchen, daß er, Kirsch, sie damit nur »in die Ecke« des anderen treibe; gerade habe er sie für sich eingenommen, und jetzt spinne er schon wieder!

Ludwig Fels *Körperkunde*

für Jakob Haringer

Unser Erfinder muß verkrüppelt gewesen sein.
Der Kopf ist voll Rotz und Hirn, innen; außen macht er ein Gesicht, das jedem andern als Spiegel dient. Geschoren wie die Schafe im Herbst behängen wir uns mit Waschpulvergewebe. Die Arme müßten Dreschflegel, die Beine Windmühlenflügel sein, der Schädel ein Morgenstern. Wir würden die Wolken ersäufen.
Die erogenen Zonen sind blaß, bleich, manchmal grau, wie von dünner Buttermilch durchronnen, und sie liegen hinter einem Wust Wäsche, hinter einem Verhau aus Knöpfen, Reißverschlüssen, Gummibändern, deren Beseitigung die Erschöpfung beschleunigt. Sich vorzustellen, wieviel erwärmtes, selten erhitztes Blut und Wasser man umschlungen hält, einen geordneten Knochenhaufen, dazu noch die Zähne, die am längsten im Tod verwurzelt bleiben, wenns mit all dem andern schon vorüber ist, dann kann man schon die Federn wachsen hörn.
Das meiste von uns läßt sich gut verstecken, die herausragenden Teile sind Meßwerte der uneinsehbaren Beschaffenheit, Vorzeigstücke, Phantasieersatz. Alle waschen ihren Dreck in Grund und Boden, husten, gurgeln, spucken, bohrn sich Schmalz aus den Muscheln, quetschen Pickel, zerbröseln Hornhäute, schnipseln Nägel, knäueln Haare, Watte, Seife, fürchterlich. Speichelstreu prasselt, Schweißdämpfe wehn, Pforze knattern, wir sind laute, ruchbare Geschöpfe, Doppelwesen. Auch mein Magen jubelt oder jault, auch ich rülps aus allen Rohren. Und bei Kampf und Arbeit versteh ich dies alles, aber gar nicht bei vornehmen Gestelz.
Der Mensch ist ein blasiertes Vieh.
Ich glaub längst nimmer, daß sie auf zwei Haxn wackeln. Ihr Nabel könnt genausogut ein Knopf zum Steuern sein. Alle drängen nach Entleerung, notdurftprogrammiert. Mahl-Zeiten, Essens-Pausen, die Uhr zeigt auf Hunger und Durst. Im Schlaf wird gefastet.
Ich möcht nicht wissen, was in Kinderwiegen hineingeflucht wird, aus Altersheimen heraus, wo Wachstücher und Zwangsjacken statt Strampelhosen vorherrschen, Wundlieger, Kalksammler, Pennkapseln.
Ich könnt mir vorstelln, daß wir ganz anders wärn, aus unsern Hälsen und Rachen gebärten, zeugten alle hundert Jahr in einer Mondnacht mit 37,5 Grad Celsius über Null.

Bodo Kirchhoff *Die Unnatürlichkeit der Lust*

Kaum was los, also Sonntag; Europawahl glaube ich. Ziemlich schwül und früher Nachmittag, wo sowieso alles tot ist. Ich stehe Ecke Moselstraße/Niddastraße unter einem CDU Plakat. Halte Ausschau wie immer, aber es tut sich nichts. Schließlich laufe ich weiter – und stoße fast mit jemandem zusammen. Schaue – und denke im ersten Moment: eine seltsame Person.

Ich spreche sie an, weil die Gelegenheit günstig ist – niemand in der Nähe – auf meine übliche Tour, mit einem einzigen Wörtchen, und die Person geht darauf ein. Sieht mich an und sagt, wobei sie ihre Brille abnimmt und Stäubchen von den Gläsern bläst: Absolut kein Bedarf . . Das verblüfft mich, denn ich habe mit allem anderen gerechnet; wer hier so stromert, am frühen Sonntagnachmittag, sagt doch nicht sowas – und ich weiß nicht, was ich einem Menschen dieser Art entgegnen soll. Das kommt vor, sage ich, weil es mir so einfällt und setze noch hinzu, um wenigstens irgendeine Überlegung zwischen die Person und mich zu schieben: Von Fall zu Fall . . ., worauf sie kurz die Augen schließt und meint: Du, es gibt auch Unfälle, oder?

So ein Menschentyp ist mir noch nie begegnet. Was hat das eine mit dem anderen zu tun? frage ich zurück, und sie, die seltsame Person, meine neue Bekanntschaft, fängt plötzlich an zu flüstern: Alles hat das eine mit dem anderen zu tun . . . Jetzt verstehe ich gar nichts mehr. Können wir nicht normal miteinander reden? bitte ich sie. Aber nicht hier . . . an dieser Ecke. Ich kenn eine Pension in der Nähe, da können wir reden . . . Und wo ist das? möchte ich wissen, denn ich traue diesem Menschen nicht. Die Main-Pension in der Elbestraße, raunt er mir zu – und wir brechen auf. Bummeln ohne Eile, als gehörten wir zusammen und gingen hier völlig ziellos.

Die Main-Pension liegt oberhalb von der Apollo-Bar. Es gibt dort Unterkunft für jeden, auch für Exoten. Meine Bekanntschaft handelt an der Rezeption, eine Person ohne Hemmung; sie läßt sich einen Schlüssel geben, und wir steigen nach oben, in den zweiten Stock. Das Zimmer liegt zur Straße hin. An den Bettbezügen fällt nichts auf. Um etwas gegen die Hitze zu tun, öffne ich das Fenster – und schaue. Schaue in die Wohnung gegenüber, wo jemand ebenfalls am Fenster steht, aber nackt. Ein junger Mann mit einem schwarzen Oberlippenbärtchen, einem Mausgesicht und grauen

Schläfen. Und weiter hinten in dem Zimmer, auf einer Couch, im Halbdunkel, knieend, eine junge Frau – auch nackt, wie mir scheinen will. Vielleicht ist ein Geschlechtsverkehr in Aussicht, denk ich mir und ziehe mich ein Stück zurück, um nicht selber gesehen zu werden. Meine Bekanntschaft hat sich hingelegt. Ich wende mich ihr zu und frage: Fehlt dir was? – und sie zieht sich die Schuhe aus und nickt. Aber du bist doch nicht krank? Sie schüttelt den Kopf. Keine Angst, mir fehlt nur was. Das ist wirklich alles.
Ich schaue wieder hinüber, wo sich der junge Mann inzwischen zu der jungen Frau begeben hat und sage: Wir wollten doch normal miteinander reden hier... Du, ja, sagt sie mit Nachdruck und fängt dann an zu schweigen. So ein ausgefallener Mensch; ich kann es immer noch nicht fassen – und versuche das Geschehen dort drüben mitzukriegen. Es sieht so aus, als ob der junge Mann jetzt vor der jungen Frau steht und sie bei ihm hantiert. Willst du mir nicht sagen, was dir fehlt? versuche ich es vorsichtig von neuem. Drehe mich um, bin überrascht – sehe, daß dieser Mensch sich ausgezogen hat – und warte auf Antwort. Nach einer Weile schließt meine Bekanntschaft die Augen, wie vorhin und sagt leise: Ich bin so lustlos, das ist alles . . ., – blinzelt mich an und macht eine Bewegung. Was bedeutet das? möchte ich wissen. Daß ich zu dir kommen soll? Sie nickt und schüttelt dann sofort den Kopf. Also was? Zu dir kommen und hier stehen bleiben oder beides? In den Körper, der da vor mir liegt, kommt plötzlich Leben. Du, wenn das möglich ist, sagt sie – prima . . . Und ich schaue wieder nach drüben.
Die Beiden haben sich zurückgezogen. Sie sind jetzt nur noch umrißartig zu erkennen; manchmal auch nur ausschnittweise, so daß ich es ergänzen muß in meinem Hirn. Die junge Frau scheint zu knien. Sie bewegt den Oberkörper hin und her, unentwegt, wie ein behindertes Kind. Es könnte sich um ein Fellatio handeln. Ich kann einen Geschlechtsverkehr verfolgen, stelle ich fest – und von hinten daraufhin die Frage: Wieso heißt es eigentlich Geschlechtsverkehr?
Eine Wolke schiebt sich vor die Sonne; gegenüber jetzt alles im Dunkel. Langsam wende ich den Blick zum Bett, betrachte meine Bekanntschaft von oben bis unten, unauffällig – und versuche über ihre Frage nachzudenken. Sie ist keine Schönheit. Für eine Schönheit ist sie zu breit. Aber häßlich ist sie auch nicht. Dazu ist sie viel zu reichlich ausgestattet, körperlich. Ein Mensch mit einem gigantischen Körper, der auf mich wirkt, als sei er gar nicht nackt; als sei die Nacktheit sein Gewand. Ein hauchdünner, maßgefertigter Anzug – Zeichen von südlichem Überfluß.

Keine Ahnung, sage ich schließlich und erwarte, daß sie irgendeinen Vorschlag macht, ein Gespräch beginnt. Stehe da, mit verschränkten Armen und schaue – als sei man schon bekannt seit einer Ewigkeit. Vielleicht sollte ich mich gleichfalls ausziehen, überleg ich mir; oder den Oberkörper wenigstens freimachen – und ziehe mir das T-shirt aus. Meine Bekanntschaft übersieht mich. Soll ich mich ganz ...? frage ich sie. Wie du willst ... Ich will nur, daß du hersiehst ..., meint sie, schließt die Augen und fängt an, sich zu befriedigen.

Mich interessiert natürlich mehr, was sich dort drüben abspielt. Ich drehe meinen Kopf ein Stück, so daß ich es gerade noch sehen kann – was hinter mir geschieht – und dabei gleichzeitig beobachten, was auf der anderen Seite alles läuft. Der junge Mann ist jetzt im Blickfeld. Er bückt sich vor der jungen Frau, die ihn in irgendeiner Form behandelt und ich male mir den Vorgang aus. Schaue unterdessen, was auf dem Bett vor sich geht – und ein Bild reiht sich an das andere. Sie macht es sich nicht ungeschickt. Mit zwei Fingern überträgt sie Reibung und gewährt sich mit der linken Hand noch einen Zusatzreiz. Soll ich mich nackt vor dich stellen? biete ich ihr an, aber sie lehnt ab. Du, ich muß an etwas ganz Bestimmtes denken, wirft sie ein; alles andere bringt mich durcheinander ... Kurzes Schweigen. Ich bin neugierig geworden, konzentriere mich vorübergehend nur auf diesen einen Menschen, vor mir, auf dem Bett. Frage ihn, an was er denken muß und vernehme mit Erstaunen: An ein bestimmtes Wort.

Zwischen den Augen meiner Bekanntschaft nunmehr eine tiefe Falte. Sie kämpft, und ich will sie nicht stören. Möchte freilich wissen, an welches Wort sie denken muß, aber traue mich nicht, nachzufragen – und blicke stattdessen hinüber. Durch das geöffnete Fenster, in das verdunkelte Zimmer, auf die verschiedenen Teile der Körper des jungen Mannes und der jungen Frau, die sich inzwischen zu paaren versuchen, jeder mit dem anderen.

Plötzlich kippen sie zurück, entzweien sich auf einen Schlag. Die junge Frau springt auf, versetzt dem jungen Mann einen Hieb und läuft hinaus. Der Mann hält sich den Kopf, geht zum Fenster und sieht in die Scheibe. Danach beugt er sich hinaus und sieht nach unten.

Hinter mir jetzt Geräusche, und ich schaue nach. Es nähert sich dem Ende. Auf ihrem Körper haben sich Flecken gebildet, und an besonders beanspruchten Stellen treten Adern hervor. Mit rasenden Bewegungen verschafft sie sich Reizung und denkt wahrscheinlich an ihre Parole. Dann unterbricht sie auf einmal, öffnet die Augen

und versichert sich. Ich nicke ihr zu, drücke kurz meine Lippen zusammen, mache ihr Mut – bis sie einen neuen Anlauf nimmt, – wende mich wieder um – und erschrecke: Der junge Mann steht jetzt im Fenster, unbekleidet nach wie vor – und trägt sich offenbar mit dem Gedanken, abzuspringen. Unten auf der Straße, wie an jedem freien Tag, zahlreiche Türken, die sich streiten; ein paar von ihnen schauen hinauf. Vor dem Eingang der Pension die kleine Schwachsinnige und ihre hinkende Kollegin, die hier anschaffen gehen; sie schauen auch nach oben. Gegenüber geht die Haustür auf, und die junge Frau kommt raus, in einem Regenmantel. Hinter mir setzt Stöhnen ein. Nun geht es wirklich dem Ende entgegen. Und ich drehe mich noch einmal um – und sehe, wie er zappelt: als ob der ganze, gigantische Körper aufgehängt sei am Geschlecht und sich vergeuden muß für diesen einen Punkt.
Dann von unten plötzlich laut die junge Frau. Sie brüllt ein Wort nach oben, wo der junge Mann jetzt, wie ich eben sehe, am äußersten Rand steht und schwankt. Das Stöhnen hinter mir nimmt zu – doch ich muß nach drüben schauen. Fühle mich natürlich unwohl bei dem Schwindel – und drehe mich deshalb, hin und wieder, blitzschnell um. Unten auf der Straße starrt alles nach oben inzwischen – aber keiner gerät aus dem Takt. Die kleine Schwachsinnige hebt das Röckchen. Die Hinkende hinkt ein paar Schritte. Die Türken streiten einfach weiter. Die junge Frau brüllt noch einmal das Wort. Und meiner Bekanntschaft kommt es.
Sie schreit – und der junge Mann gleitet aus und schreit gleichfalls. Als er aufschlägt, hat sie ihren Höhepunkt – ein unglaublicher Zufall; schreit nun ganz alleine und wirft ihren Kopf hin und her. Ein paar Türken werden aufmerksam, und ich ziehe mich etwas zurück. Die anderen Türken laufen zu der Aufschlagstelle. Von hinten noch immer Geschrei. Die junge Frau kann es nicht glauben; sie schaut ganz woanders hin. Meine Bekanntschaft erholt sich allmählich. Ich wende mich rechtzeitig um, noch ehe sie die Augen wieder öffnet. Sie liegt ausgestreckt da, und auf ihrem Körper glänzt es. Die Flecken gehen langsam weg, und der Atem wird allmählich ruhiger. Dann sieht sie mir ins Gesicht, und ich ziehe die Augenbrauen hoch, und sie nickt. Gut, flüstert sie und riecht dabei an ihren Fingern. Ich dreh mich wieder um und schau hinunter.
Der junge Mann ist auf den Bauch gefallen. Sein Kopf liegt auf der Seite, und er blutet aus dem Ohr. Die Türken sind ganz aufgeregt. Einer bückt sich, berührt den Hals des Gefallenen – und nickt. Jetzt bewegt der junge Mann die Hand. Hinzugekommene

drängeln. Er lebt! ruft jemand, und zwei Türken gehen zu der jungen Frau.
Was ist da los? fragt meine Bekanntschaft, und ich sage: Ist einer aus dem Fenster gefallen ... ein Unfall ... Die beiden Türken bringen die junge Frau vor Ort, und sie beugt sich hinunter. Rüttelt an dem jungen Mann und schimpft. Man will sie fortzerren, doch sie läßt nicht los. Richtet seinen Oberkörper auf und brüllt. Blut tritt aus dem Mund des jungen Mannes. Einige empören sich. Man trennt die beiden gewaltsam – und der Verletzte fällt noch einmal zu Boden. Gerade eben? fragt meine Bekanntschaft nach, und ich sage: Vorhin ...
Von Ferne bereits die Sirenen, aus dem Hintergrund die Stimme, die mir schon vertraut ist. War gut, wiederholt sie, und ich höre, wie sie aufsteht, zum Waschbecken läuft und sich wäscht. Hat es geklappt mir dem Wort; möchte ich wissen, und sie bejaht. Hat dir doch Spaß gemacht, mir zuzusehen ... Ja, ja, sage ich; das war gut ... – und sie darauf: Du, das Gefühl hatt ich auch. Ich hab genau gespürt, daß das gut für dich war ... so wie du da gestanden bist so immer auf der Kippe ... oder nicht? Das war doch gut ... Und nach kurzem Schweigen ich zu ihr: Du, wahnsinnig, absolut ... – und sie nickt. Weißt du, so wie mit dir, war das noch nie mit jemand ... so ein hundertprozentiges Gefühl ... daß da jemand so ... verstehst du, wenn er mir zusieht ... Das war doch wirklich gut ... Du, ja, klar ..., beruhige ich meine Bekanntschaft und denke: So ein Mensch ... jetzt wäscht er sich extra.
Die junge Frau inzwischen am Ende der Straße. Sie blickt in eine Autoscheibe, versucht sich wiederzuerkennen. Ein Polizeiwagen kommt, und die Türken machen Platz. Viele zeigen auf die junge Frau. Ein Polizist geht zu ihr, zwei andere sichern ab. Die Leute weichen zurück, und übrig bleibt der junge Mann – abgeschieden. Er liegt da – und scharrt mit seinem linken Fuß, ganz sachte. Dann hört er damit auf, gerade als das Unfallauto eintrifft. Sanitäter steigen aus, eilen zu ihm hin, schauen, fühlen. Mit größter Vorsicht legen sie den jungen Mann auf eine Bahre, schieben die Bahre in ihr Fahrzeug und fahren mit ihm davon. Die Polizisten reden unterdessen mit der jungen Frau. Die Türken fangen wieder an zu streiten. Und meine Bekanntschaft hat sich angezogen.
Als wir vorhin unten waren, war aber noch gar nichts, sagt sie und tritt zu mir ans Fenster. Vielleicht nach hinten raus passiert ..., beende ich das Thema und gehe zum Bett. Das Bett ist völlig zerwühlt, und auf dem Kopfkissen liegen Haare. Ich setze mich auf

die Kante und bin müde. Unterhalten wir uns noch? frage ich leise. Du, worüber du willst ... können wir machen. Haben wir doch auch gemacht ...
Kurzes Schweigen. Warum bist du eigentlich aufgestanden? Ich schaue auf die Lippen dieses Menschen. Du, aus Lust. Aus Lust, sonst nichts weiter. Damit ich wieder auf was anderes Lust bekomm ...
Also bist du doch nicht lustlos ... das hätt ich mir natürlich denken können ... – Und ich schaue weg, schließe die Augen, höre, daß sie sich kratzt. Natürlich ist gar nichts, verstehst du ... – Und ich nicke. Wieder kurzes Schweigen. Und worauf hast du Lust als nächstes? will ich wissen, drehe meinen Kopf ein Stück, öffne die Augen – und sehe, wie sie zur Tür geht. Auf Trennung hab ich jetzt Lust. Wir gehen hinunter, ich laufe zum Bahnhof, und du läufst in die andere Richtung ... und wir sehen uns nie wieder ...
Und falls wir uns doch wiedersehen ...
Das ist etwas anderes. Aber ausgehen müssen wir davon, daß wir uns nicht wiedersehen, verstehst du? Sonst ist das nämlich keine Trennung ... Du, so ein Abschied für immer, das ist wirklich ein Gefühl. Das mach ich doch fast jeden Tag ...
Ich ziehe mir mein T-shirt an, und wir gehen hinunter. Offensichtlich hat sie schon vorhin bezahlt, und das erinnert mich an was. Du, wie ist das denn mit Geld? frage ich, als wir vor dem Eingang stehen. Die kleine Schwachsinnige putzt sich; die Hinkende ist weg. Ja du, kein Problem, sagt meine Bekanntschaft, und wir regeln unser Tauschgeschäftchen. Dann wünscht sie mir noch einen guten Tag, wendet sich ab und geht. Warte! rufe ich ihr hinterher, aber sie läuft weiter. Sag mir noch, wie dieses Wort heißt, an das du gedacht hast dabei! Und sie ruft es mir zurück, ohne sich noch einmal umzusehen.
Das ist es also.
Ich schaue diesem Menschen nach und überlege, ob ich ihm hinterherlaufen soll. Ihn vielleicht darum bitten, mit mir irgendwo Kaffee zu trinken, Kuchen zu essen, am Main entlang zu bummeln, womöglich ins Kino zu gehen heute abend und später noch ins Moseleck, je nach dem, ob man Lust dazu hat oder nicht – und so weiter – und plötzlich ist er fort. Taucht nur noch einmal ganz kurz auf, zwischen ein paar Schwarzen, die herumstehen – mit diesem gigantischen Körper – und verschwindet dann unter dem Hauptbahnhofsvorplatz.
Ich drehe mich um. Schaue, ob noch irgendetwas los ist von vorhin.

Bin allein mit diesem Wort. Stehe da und sehe gerade noch, wie die junge Frau zu den Polizisten in den Wagen steigt und mit ihnen wegfährt – als habe sie damit zu tun.

Rahel Hutmacher *Flucht*

Weshalb kommst du gerade zu mir, weshalb bittest du gerade mich; ich kann dich hier nicht behalten, geh weg. Ich kann dir nicht helfen, mir hilft auch keiner. Mach wenigstens die Tür zu.
Hat jemand gesehen, daß du hierhergekommen bist. Natürlich sagst du nein; nur: woher solltest du wissen, worauf man zu achten hat, wenn man flieht. Du hast es nie nötig gehabt, hinter dich zu sehen, dich in acht zu nehmen, dich zu schützen. Du bist immer geschützt worden; deine Diener sind für ihre Zuverlässigkeit bekannt.
Weshalb ich so mit dir spreche, sagst du. Es erheitert mich: du bist verwirrt, daß jemand so mit dir spricht. Das bist du nicht gewohnt, ja. Du bist große Höflichkeit gewohnt und leise Stimmen. Aber ich bin nicht höflich, zu niemandem, auch nicht zu dir; und ich bin nicht leise. Wenn ich wohlerzogen und leise wäre, würde ich schon längst nicht mehr leben.
Weshalb ich so wütend bin. Du erheiterst mich wirklich. Du kommst in mein Haus, du wirst gesucht, alle Welt weiß das; du willst von mir versteckt werden. Wenn jemand gesehen hat, wie du hierhergekommen bist, was meinst du, was geschieht. Dich holen sie zurück, zu dir sind sie zuvorkommend. Aber was geschieht mit mir, das hast du nicht bedacht.
Nein, bleib hier; es ist jetzt hell, willst du, daß das ganze Dorf sieht, daß aus meiner Tür einer tritt, der überall gesucht wird.
Wie bist du gerade auf mich gekommen; hättest du dir nicht ein anderes Haus suchen können als gerade meins, du Ahnungsloser. Ich habe auch ohne dich schon Schwierigkeiten genug, was mußt du gerade zu mir kommen.
Was für Schwierigkeiten, sagst du. Man wirft mir Zauber vor, wenn du es wissen willst. Ich bringe unwillkommene Liebhaber zu einem langen Schlaf; den erwünschten Liebhabern verhelfe ich zu Kraft; nachts geh ich unsichtbar, sagen sie: ich fliege, man sieht mich nicht, aber ich seh im Dunkeln, sagen sie.
Du erschrickst, das seh ich, obwohl man dich gut erzogen hat: Du

versuchst mich dein Erschrecken nicht merken zu lassen. Bei mir brauchst du nicht höflich zu sein. Zeig dein Erschrecken nur, ich bin es gewohnt.
Was machen wir nun.
Solange es hell ist, kannst du nicht aus meinem Haus gehen. Alle wissen, wie du aussiehst; ich will meinen Kopf noch eine Zeitlang behalten.
Wann hast du das letzte Mal was gegessen.
Du sollst nicht höflich sein zu mir, ich sagte es dir schon einmal. Sag mir, ob du Hunger hast. Natürlich hast du Hunger, so einer wie du ist es gewohnt, reichlich zu essen.
Gütig, ich bin nicht gütig. Ich bin eine verbitterte und häßliche Frau, der man Zauber nachsagt und böse Worte. Iß jetzt.
Wohnst du hier ganz allein, sagst du. Täusch dich nicht, niemand ist anders als ganz allein. Es sieht nur manchmal so aus, als gäbe es Menschen, die nicht allein sind. Sie sitzen zusammen und reden. Aber wie sie reden, keiner hört dem andern wirklich zu.
Die Liebespaare, sagst du. Was weißt denn du. Gerade die sehen es doch am deutlichsten. Hör ihnen doch zu, was sie sagen zueinander. Bleib, sagen sie, und: Geh nicht weg; aber eine gemeinsame Haut wächst ihnen deswegen nicht.
Was fragst du mich das, ausgerechnet. Nein, Liebe gibt es nicht, du Ahnungsloser. Es gibt vorübergehende Blindheiten, und es gibt stillschweigende Duldung, aber Liebe gibt es nicht.
Hast du genug gegessen, gut. Jetzt laß uns überlegen. Wenn sie kommen, und sicher werden sie in mein Haus zuerst kommen, was tun wir da. Mach ich dich zu einem Baum, mach ich dich zu einem Ring an meinem Finger. Zu einem Vogel: sie öffnen die Tür, und ein Vogel fliegt über ihren Köpfen aus der Tür. Ja, das wäre eine Möglichkeit.
Was du als Vogel zu tun hast. Herrgott, du fliegst über ihren Köpfen aus der Tür, ich sagte es dir doch.
Dein Leben als Vogel, sagst du. Sieh mich nicht so ängstlich an: als Vogel wirst du angenehmer leben als jetzt, meinst du nicht.
Du brauchst dein Gähnen nicht zu unterdrücken. Wenn du müde bist, hast du auf Gähnen ein Recht. Leg dich hin und schlaf; wenn ich sie kommen sehe, weck ich dich.

Die Polizei soll keine Filme machen, denken Sie an das Ausland! Ich bin dafür, daß Säufer Filme machen. Denn der Säufer kennt seine Heimat.

HERBERT ACHTERNBUSCH

Uli Becker *Weder Fisch noch Fleisch*

für die Lebenslänglichen in den Grauen Zellen

»So Ihr nicht werdet wie die
Kinder . . .!«, kann ich da nur
bestätigen, wer zuviel nachdenkt,
fackelt rum statt zuzugreifen:

Der Lausejunge, dem am Strand
'ne Qualle vor die Flinte kommt,
läßt sich doch durch die öde
Grübelei ob Pflanze oder Tier

nicht das Vergnügen madig machen,
das es bringt, den Wackelpeter
mit dem Spaten in radiergummi-
große Brocken zu zerhacken . . .

Das krasse Gegenteil die Hand
an meinem Hintern in der U-Bahn:
Was soll das werden, wenn das
fertig ist, ein Taschendiebstahl

oder ein Annäherungsveruch?!
Was ich mitbekomme ist zuviel
bzw. nicht genug, Wischiwaschi-
Fummelei – Da ist einer noch

am überlegen! Ich drehe mich
rum und blicke in ein Gesicht
mit ganzganz kleinen Augen
hinter ganzganz dicken Gläsern,

Typ Bettelstudent-cum-Mansarde:
»'tschulligung!«, nuschelt er –
Aaach, VERSCHENKT . . . Das Geld
hätte der genauso bitter nötig

wie die Liebe, aber beides
hat er sich vermasselt! Arm
und einsam geht er heim in sein
vollgestopftes Dachstübchen . . .

Wolfgang Hilbig *Der Leser*

Der Leser, gäbe es ihn, wäre folgendes Wesen: ein Mensch, von hinten anzusehen, der gebeugt steif am Tisch sitzt, unter starker Lampe, reglos zumeist, mit oder ohne Brille, mit oder ohne Augen, sichtbar oder unsichtbar der Kopf. Ein liniertes Heft vor sich auf dem Tisch, füllt er mit schnellen Schriftzügen, behende die Seiten umblätternd, Zeile um Zeile, bis er, endlich am Ende, die Stirn auf das vollgeschriebene Heft sinken läßt; ein tiefer Seufzer, der sagt, daß nichts es ermöglichen kann, das einmal Geschriebene wieder zu löschen.

Längst sank mit aller blauen Schwere die Nacht, es ist Sommer, ein später Sommer in einem späten Jahrhundert, durchs halboffene Fenster flogen Falter herein, die sich mit vernehmlichem Klirren gegen das Glas der Glühbirne werfen.

Indessen sitzt der Leser über dem aufgeschlagenen Buch, wer weiß ob er liest, nie hat er eine Seite umgeschlagen, er ist vielleicht eingeschlafen, oder er ist der sitzengebliebene Schatten dessen der aufstand vom Stuhl, durch seine Farbe schimmert das Schwarzweiß der Seiten. Wäre er der Leser, er säße gebrochen am Tisch, mit von der Tischplatte gefallenen Händen, mit zart sinkenden Schultern, das Haar fiele ihm über die Brillengläser. Doch es wäre, als flüstere mit jedem Wort des schwarzen hieroglypischen Heers, das die Seiten bedeckt, eine Stimme, eindringlich, um den Leser zu wecken.

Wer, wenn nicht er, sofern er lebte, wünschte das Ende der Nacht herbei; es ist, als verlöre die Lampe an Kraft, als kröche durch die Drähte ihrer Leitung das Dunkel heran.

Und der Leser sitzt über dem Buch und seine Hand blättert, blättert die Seiten um. Ruhig zuerst, zwischen je zwei Seiten eine Zeit geduldig wartend, dann ungeduldiger, schneller blätternd, schneller Seite um Seite, schlägt er um, mit bleichem Gesicht voller Zorn und Angst, mit geballten Fäusten wie rasend ganze Bündel von Seiten umschlagend, mit den Schultern, mit gesenktem Kopf, aufheulend fast, schiebt und stößt und drückt er die zu Wänden wachsenden weißen Seiten beiseite, aber kein Wort, keine einzige Letter findet er auf den leeren Blättern.

Gäbe es den Leser, nur mit den Augen, nein mit Feuer und Schwert, nur mit dem Mund spie er all seine Wörter ins leere Buch. Unverlöschlich bliebe sogar der den endlichen Abschluß der Arbeit krönende Seufzer der Freiheit.

Eckhard Henscheid *Anmerkung zur Literatur*

Ach was, hören Sie mir doch mit den Schriftstellern, den Literaten, den sogenannten Dichtern auf! Ihre Schreibmanie? Ihre Schreibfreude? Ihre Schreiblibido, welche sie immer wieder und unwiderruflich an die Schreibmaschine treibt? Daß ich nicht lache – und ich weiß es aus eigener Erfahrung! Das einzige, was diese Berufsschreiber wirklich gerne und mit sinnlicher Lust schreiben (und ich kann es mit meinem Aktenordner voller Durchschläge beweisen, alles fürs Marbacher Archiv gesammelt, ha!) – das sind Briefe. Jawohl, lange, trächtige, ausschweifende – oder aber klitzekleine neckische Briefe in alle Himmelsrichtungen, von früh bis spät, und immer wieder »Liebe Claudia« und »Liebwerter Wilhelm« oder auch »Du alter Zwieback« – und dann geht's los! Entweder unsäglich hanebüchene, literarisch verbrämte Liebesbriefe, was sage ich: sexualistische Schmarren der Art: »Wenn dich, was ich mir wünschte«, – Konjunktiv, haha! – »diese Zeilen noch vor Deiner Entscheidung erreichten« (zweiter, besonders vertrottelter Konjunktiv!) – usw. usf. der ganze Weiberwahnfug ...

Oder aber, was sie scheint's fast noch lieber tun (ich inklusive): mit befreundeten Dichtern und Arschgesichtern hochnotüberflüssige Correspondencen zu wechseln: den hinterletzten Tratsch (inklusive Intrigen, Infamien) vom gestrigen Abend im »Pizza-Peter«, wer da war, wer wann was Verräterisches oder sonst signalhaft Negativistisches gesagt hat, wer ihrer Meinung nach zu viele Klare hebt und also (gottseidank) zu Sorgen Anlaß gibt, hie und da ein Zitat von Theweleit oder Sartre oder Jean Paul, und natürlichnatürlich, abermals erotisch-sexistische Schnurren bis gehtnichtmehr, wer wann jetzt wohl bald Elsemarie aus den (skandalös eifersüchtigen!) Fängen von Terry bzw. Birgit reißen wird, ob Stefans Verhältnis zu Verena mit seiner sonstigen reaktionären Haltung konform geht, ob das politisch zu verantworten sei, wenn er die Tante fast jeden Tag nagelt und –

Usw. Prinzip ist klargeworden. Nicht Kunst ist das Anliegen, die Botschaft, die Sinnlichkeit dieser »Dichter«, sondern Scheiß, bis die Tasten tanzen! Ausnahme: manchmal ich. Siehe diesen Essay. Schon ist 1 Seite voll, reicht für heute – und schon geht's wieder ab zum nächsten Brief. Monika? Robby? Nassi Kinskij? Hm. Aaah! Lina!!

Zu den Beiträgen

Günter Kunert, Preußen und kein Ende: Aus dem ›Merian‹-Heft ›Berlin‹, Februar 1981 (Hoffmann & Campe).
Volker von Törne, Drei Gedichte: Das erste und letzte Gedicht aus Heft 6 (1980) des ›Freibeuter‹, das »Lied vom realen Sozialismus« aus dem Nachlaß. Die Gedichte erscheinen im Band »Im Lande Vogelfrei« (Wagenbach).
Alfred Andersch, Rex Himmler (Titel von den Herausgebern): Aus der Erzählung »Der Vater eines Mörders« (Diogenes).
Thomas Bernhard, A Doda: Aus »Die Zeit«, 12. 12. 1980.
Peter Weiss, Das Richtige, verschwommen (Titel von den Herausgebern): Aus dem dritten Band des Romans »Die Ästhetik des Widerstands« (Suhrkamp).
Thomas Brasch, Van der Lubbe, Terrorist: Aus dem Gedichtband »Der schöne 27. September« (Suhrkamp).
Rolf Hochhuth, Zensur in der Bundesrepublik Deutschland: Aus dem von Reinhart Hoffmeister herausgegebenen Band »Rolf Hochhuth – Dokumente zur politischen Wirkung« (Kindler). – Gekürzt.
Wolf Wondratschek, Hotel ›Zum Deutschunterricht‹: Aus dem Gedichtband »Letzte Gedichte« (2001 Versand).
Gert Loschütz: Meine Freunde: Aus dem Gedichtband »Diese schöne Anstrengung« (AutorenEdition).
Detlef Michel, Der Professor: Aus Heft 13 (1980) der »Berliner Hefte«.
Hans Magnus Enzensberger, Fabel von der Konsequenz (Titel von den Herausgebern): Aus dem Aufsatz »Das Ende der Konsequenz« in Heft 5 (1981) der Zeitschrift »Transatlantik«.
Jürgen Fuchs, Petra L.: Aus dem Band »Pappkameraden« (Rowohlt).
Friedrich Dürrenmatt, Gott und Péguy: Aus dem Band »Philosophie und Naturwissenschaft. Essays und Reden« der ›Gesammelten Werke‹ (Arche).
Lutz Rathenow, Weiterer Beitrag zum Thema Ortswechsel: Nach dem Manuskript.
Guntram Vesper, Aus dem Leben der Studenten: Nach dem Manuskript.
Peter Bichsel, Das Ende der Schweizer Unschuld: Aus »Der Spiegel«, 5. 1. 1981.
Urs, Widmer, Versuch über meine Doppelgänger: Aus der von Jochen Jung herausgegebenen Anthologie »Ich hab im Traum die Schweiz gesehen« (Residenz).
Franz Böni, Alltägliche Einladung: Aus Heft 69/70 (1980) der »manuskripte«.
Hans Christoph Buch, Kurzgeschichte: Aus »die Tageszeitung«, 11. 10. 1980.
Jurek Becker, Ansprache vor dem Kongreß der unbedingt Zukunftsfrohen: Aus dem Erzählungsband »Nach der Zukunft« (Suhrkamp).
Dieter Schlesak, Zur Deutlichkeit von heute und zur Melancholie der Mörder von gestern: Nach dem Manuskript.
Christoph Meckel, Drei Gedichte: Nach dem Manuskript.
Erich Fried, Københavns Amts Sygehus Gentofte: Aus Heft 3/1980 der »Akzente«.
Karl Krolow, Sterblich: Aus der von Christoph Buchwald und Christoph Meckel herausgegebenen Anthologie »Claassen Jahrbuch der Lyrik 2« (Claassen).
Heinz Czechowski, Unwirsche Auskunft: Nach dem Manuskript.
Rainer Malkowski, Verhaltene Lobrede auf Kapitän Cook: Aus dem Gedichtband »Vom Rätsel ein Stück« (Suhrkamp).
Jürgen Theobaldy, Licht: Aus dem Gedichtband »Schwere Erde, Rauch« (Rowohlt).
Gustav Ernst, Zwei Geschichten: Nach dem Manuskript.
Michael Buselmeier, Träumerischer Abend: Aus dem Gedichtband »Die Rückkehr der Schwäne« (Das Wunderhorn).
Jörg Burkhard, Zwei Sommergedichte: Aus dem Gedichtband »Julifieber« (Das Wunderhorn).
Helmut Heißenbüttel, Drei Herbste: Aus dem Geschichtenband »Das Ende der Alternative« (Klett/Cotta).

Werner Kofler, Altarbild Promiskuität: Auszug aus der Geschichte »Maskulin-Feminin« im Band »Aus der Wildnis« (Wagenbach).
Ludwig Fels, Körperkunde: Nach dem Manuskript.
Oskar Pastior, Über meinen Schlaf: Aus dem »Jahrbuch der Lyrik 2« (Claassen).
Bodo Kirchhoff, Die Unnatürlichkeit der Lust: Aus Heft 4/1980 der »Akzente«.
Rahel Hutmacher, Flucht: Aus dem Band »Wettergarten« (Luchterhand).
Uli Becker, Weder Fisch noch Fleisch: Aus dem Band »Der letzte Schrei« (Rowohlt).
Wolfgang Hilbig, Der Leser: Aus »die Tageszeitung«, 11. 10. 1980.
Eckhard Henscheid, Anmerkung zur Literatur: Aus Nummer 2 (1981) des Magazins »Tintenfaß« (Diogenes).

Zu den Fußnoten:

Herbert Achternbuschs Bemerkung über die Heimat aus dem Film »Der Neger Erwin« in »Es ist ein leichtes beim Gehen den Boden zu berühren«, (Suhrkamp). – *Heinrich Albertz'* Satz aus seinem Buch »Störung erwünscht« (Radius). – *Lothar Baiers* Revolvergeschichte aus »die Tageszeitung«, 11. 10. 80. – *Jurek Becker*, »Die Klage« aus dem Erzählungsband »Nach der ersten Zukunft« (Suhrkamp). – *Alois Brandstetter*, »Warten« aus dem Band »Von den Halbschuhen der Flachländer und der Majestät der Alpen« (Residenz). – *Manfred Chobots* »Projekt« aus seinem Satirenband »Reform-Projekte« (Verlag Frischfleisch & Löwenmaul). *Gernot Eiglers* Sechszeiler aus den im Selbstverlag (resp. ›Verlag Kunst und Schleim‹) herausgegebenen Band »Mir nix Dir nix«. – *Elke Erbs* »Notiz« nach dem Manuskript. – Der Stoßseufzer von *Renate Fueß* aus Heft 69/70 (1980) der »manuskripte«. – *Ernst Jandls* Schwebegedicht aus seinem Band »der gelbe hund« (Luchterhand). – *Heinar Kipphards* Notiz vor der Glotze aus der von ihm herausgegebenen Anthologie »Aus Liebe zu Deutschland« (AutorenEdition). – *Rainer Kirsch* »Die Zunge« aus Nummer 13 des »Literaturmagazin« (Rowohlt). – *Günter Kunerts* Satz übers Abholzen aus seinem Band »Verspätete Monologe« (Hanser). – *Leo Löwenthals* Bericht über seine erste Wiederbegegnung mit uns aus seinem mit Helmut Dubiel geführten autobiographischen Gespräch »Mitmachen wollte ich nie« (Suhrkamp). – *Christoph Mangolds* Rückfrage aus seinem Gedichtband »Gras anmalen« (Nachtmaschine). – *Kurt Martis* »immerwährende kreuzigung« aus seinem Gedicht »abendland« (Luchterhand). – *Elisabeth Plessens* Dialog aus der Erzählung »Orlanda in Berlin« (»die Tageszeitung«, 23. 12. 80). – *E. A. Richter* »Die Große Pleite«: nach dem Manuskript. – Untenstehende Sottise aus Heft 69/70 der »manuskripte«.

Allen Autoren und Rechtsinhabern dankt der Verlag für die Druckgenehmigung.

Es nehmen, dicht bei Graz, die Berge überhand.
Du stehst im Mummenschanz. An aufgebäumter Flühe
ergeht sich, bergtrainiert, ein Rudel steirer Kühe
und grast, entpuppt sich dann als Rehe an der Wand.

Die letzte Sonne setzt den Alpengrat in Brand
und übergießt den Berg mit ihrer roten Brühe.
Der Grazer Dichter siehts, er wendet seine Mühe
nicht einen Augenblick auf diesen Gegenstand.
Er läßt die Matte glühn. Er läßt die Rinder klettern.
Mit blindem Unverstand vertraut er seinen Lettern,
und mitten in der Lust erfindet er den Gram.

Ach, Dichter du, aus Graz, so wie die Stiere Böcke,
so wie die Berge Glut und wie die Hosen Röcke,
so wirst du, statt real, im Worte mitteilsam.

LUDWIG HARIG

1980 erschienene Bücher deutschsprachiger Autoren

Die Bibliographie, zusammengestellt von Renate Krüger und Jettchen Gevert, vermerkt nur Neuerscheinungen oder Sammelbände, die neue Texte enthalten. Für die Anthologien (am Schluß des alphabetischen Autorenverzeichnisses) gilt das gleiche Prinzip.

Mario C. Abutille, Bittere Asche. Roman. Basel (Nachtmaschine)
Herbert Achternbusch, Es ist ein leichtes beim Gehen den Boden zu berühren. Ffm. (Suhrkamp)
Jörg Acklin, Der Aufstieg des Fesselballons. Roman. München (Steinhausen)
Ursula Adam, Die Zweitgeburt. Salzburg (Residenz)
H. G. Adler, Stimme und Zuruf. Gedichte. Hamburg (Knaus)
Gunter Affholderbach, Schlimme Zeiten. Gedichte. Siegen (Machwerk)
Hans Ahner, Deckname »Helios«. Roman. Berlin (Neues Leben)
Andreas Albrecht, Unter Umständen die Liebe. Erzählungen. Berlin (Aufbau)
Elisabeth Alexander, Die Freude. Lyrik. Karlsruhe (Herr)
Elisabeth Alexander, Mondblut. Lyrik. Karlsruhe (Herr)
Kristiane Allert-Wybranietz, Trotz alledem. Verschenktexte. Fellbach (amp)
Jean Améry, Örtlichkeiten. Stuttgart (Klett-Cotta)
Alfred Andersch, Der Vater eines Mörders. Zürich (Diogenes)
Wolf Arnold, Familienmesse. Roman. Halle (Mitteldeutscher)
Bernhard von Arx, Fremdling im eigenen Haus. Roman. München (Steinhausen)
Rose Ausländer, Einverständnis. Gedichte. Pfaffenweiler (Pfaffenweiler-Presse)
Armin Ayren, Der Mann im Kamin. Roman. Düsseldorf (Erb)
Engelbert Bach, Gemischt- und Kurzwaren. Marktbreit (Gress)
Ingrid Bachér, Das Paar. Roman. Hamburg (Hoffmann und Campe)
Jürgen Baldiga, Breitseite. Gedichte. Berlin (Maldoror)
Maria Barkowsky, Schmetterlinge. Gedichte. Kransberg (Petri-Pr.)
Hans Dieter Baroth, Streuselkuchen in Ickern. Köln (Kiepenheuer & Witsch)
Ilse Bartholemy, Sei mir gegrüßt . . . Roman. Berlin (Guhl)
Kurt Bartsch, Wadzeck. Roman. Reinbek (Rowohlt)
Jutta Bartus, Scharfe Kanten. Gedichte. Berlin (Guhl)
Horst Bastian, Nicht jeden Tag ist Beerdigung. Roman. Bln. (Das Neue Berlin)
Peter Baschung, Sucking Boys. Gedichte. Berlin (rosa Winkel/Maldoror)
Bernadette Baumann/Annegret Soltau, Begegnung. Darmstadt (MS Ed.)
Hans Baumgartner, Ochs am Berg. Geschichten u. Wechselreden. Passau (Passavia)
Gotthard de Beauclair, Lichtgewinn. Neue Versnoten u. Bildgedichte. Hbg. (Hoffm. & Campe)
Ulrich Becher, Die nicht so netten Geschichten. Erzählungen. Frauenfeld (Huber)
Eberhard Bechtle, Ada Teeblätter. Texte. Berlin (Maldoror)
Eberhard Bechtle, Gedichte der Nacht. Berlin (Maldoror)
Katrin Bechtler, Ein paar Tage in Vico Morcote. Aarau (Sauerländer)
Jurek Becker, Nach der ersten Zukunft. Erzählungen. Ffm. (Suhrkamp)
Uli Becker, April April. Tagebuch. Hamburg (Loose Blätter Pr.)
Uli Becker, Der letzte Schrei. Gedichte. Reinbek (Rowohlt)
Frank Beckers, Im Wettlauf mit dem Verbrechen. Ged. Ffm. (R. G. Fischer)
Natalie Beer, Im Garten blüht der Lavendel. Roman. Graz (Stocker)
Adolf Beiß, Abgesang. Gedichte. Bovenden (Graphikum)
Wilhelm Heinz Bencker, aus'm Rinnstoa. Feldafing (F. Brehm)
Uwe Berger, Der Schamanenstein. Berlin (Aufbau)
C. C. Bergius, Der Feuergott. Roman. München (Bertelsmann)
Joseph Berlinger, Emerenz – Szenen, Briefe, Gedichte. Feldafing (F. Brehm)
Urs Berner, Fluchtrouten. Roman. München (Steinhausen)
Karl Bernhard, Lied der Welt. Gedichte. Wiesbaden (Limes)
Peter J. Betts, Lorbeer und Salat. Gümligen (Zytglogge)

Maja Beutler, Fuß fassen. Roman. Gümligen (Zytglogge)
Manfred Bieler, Ewig und drei Tage. Roman. Hamburg (Knaus)
Christiane Binder-Gasper, Rot und Tauben. Gedichte. Berlin (enw)
Heinz Birken, Knabenträume. Erzählungen. Berlin (Foerster)
Andreas Birkner, Der Teufel in der Kirche. Erzählungen. Wien (Europa)
Silvio Blatter, Love Me Tender. Erzählung. Ffm. (Suhrkamp)
Brigitte Blobel, Fliegender Wechsel. Roman. München (Herbig)
Jan Christian Blohm, Marksteine, Aphorismen, Lyrik. Melle (Knoth)
Lisa-Marie Blum, Regieanweisung. Gedichte. Duisburg (Gilles & Francke)
Heinrich Böll, Essayistische Schriften und Reden 3. Köln (Kiepenheuer & Witsch)
Franz Böni, Der Knochensammler, Erzählungen. Ffm. (Suhrkamp)
Karl H. Bolay, Feuervogel. Parabeln. Bovenden (Graphikum)
Hedwig Bolliger, Hüt isch e Tag zum Fyre. Luzern (Rex)
Armin Bollinger, El Curandero und andere Geschichten. Wald (Waldgut)
Karl Bongardt, Alles und jedes ein Zeichen. Gedichte. Berlin (Union)
Rolf Bongs, Ein amerikanisches Mädchen. Roman. Emsdetten (Lechte)
Rudolf Bonvie, Die Jagt ist eröffnet. Texte. Köln (Hundertmark)
Jürgen Borchert, Je dunkler der Ort . . . Roman. Rostock (Hinstorff)
Wilhelm Borgers, Inseldasein. Aarau (Sauerländer)
Dieter Borkowski, Wer weiß, ob wir uns wiedersehen. Erinnerungen. Ffm. (S. Fischer)
Nicolas Born, Die Welt der Maschine. Aufsätze u. Reden. Reinbek (Rowohlt)
Manfred Bosch, Ihr sind mir e schäne Gesellschaft. Allem. Ged. Rheinfelden (Bosch)
Harald Braem, Ein blauer Falter über der Rasierklinge. Kurzgeschichten Berlin. (Ullstein)
Alois Brandstetter, Von den Halbschuhen der Flachländer und der Majestät der Alpen. Frühe Prosa. Salzburg (Residenz)
Gerhard Branstner, Der indiskrete Roboter. Utop. Erz. Halle (Mitteldt.)
Thomas Brasch, Der schöne 27. September. Gedichte. Ffm. (Suhrkamp)
Jürgen Breest, Wechselbalg. Erzählungen. München (AutorenEdition)
Hans-Peter Breuer, Prosa u. Hörspiel. Stuttgart (Eks)
Gertrud von den Brincken, Nächte. Roman. Kassel (Wenderoth)
Rolf Dieter Brinkmann, Standphotos. Gedichte 1962-1970. Reinbek (Rowohlt)
Herbert Brödl, Silvana. Erzählungen. Ffm. (S. Fischer)
Rosemarie Bronikowski, Turmbesteigung. Kurzgeschichten. Schwichteler (Schaaf)
Rosemarie Bronikowski, Sicherungsversuche in einer Schießbude. Gedichte. Rastatt (Fox Prod.)
Barbara Bronnen, Die Tochter. Roman. München (Piper)
Gudrun Brug, Die Schande. Roman. Darmstadt (Luchterhand)
Günter de Bruyn, Babylon. Erzählungen. Leipzig (Reclam)
Hans Christoph Buch, Zumwalds Beschwerden. Eine schmutzige Geschichte. Mch. (Hanser)
Lothar-Günther Buchheim, Der Luxusliner. Ein Logbuch. Hamburg (Knaus)
Laura Buchli, Abend. Hinwil (Ed. Howeg)
Hans Bütow, Anna. Kransberg (Petri-Pr.)
Hans Bütow, Am Fuße des Leuchtturms ist es dunkel. Erz. Ffm. (Societäts)
Inga Buhmann, Das eine und das andere. Gedichte und Miniaturen. Hbg. (Ed. Nautilus)
Bruno Horst Bull, Liebende sind wie schwarze Rosen. Ged. Gelsenk. (Ed. Xylos)
Hans Georg Bulla, Fallen. Gedichte. Bergen (van der Wal)
Aurelia Bundschuh, Strömungen. Erzählungen. Genf (Ariston)
Annemarie Buntrock, und läßt das Saumtier trinken. Ged. Ffm. (R. G. Fischer)
Hermann Burger, Kirchberger Idyllen. Gedichte. Ffm. (S. Fischer)
Gertrud Burkhalter, Momänte. berndt. Gedichte. Bern (Wyss)
Jörg Burkhard, Julifieber. Gedichte. Heidelberg (Wunderhorn)

Ernst Burren, Begonie und Schtifmütterli. Erzählung. Gümligen (Zytglogge)
Peter Burri, Glanzzeiten. Erzählung. Basel (Lenos)
Walter Burri, Stützli Chrigus Memuare. Erinnerungen. Solothurn (Vogt-Schild)
Michael Buselmeier, Die Rückkehr der Schwäne. Gedichte. Heidelberg (Wunderhorn)
Elias Canetti, Die Fackel im Ohr. Lebensgeschichte 1921-1931. München (Hanser)
Arthus (C.) Caspari, Das Buch aller Lieder. Berlin (Rainer)
Ille Chamier, Tagtexte. Gedichte. Köln (Prometh)
Dagmar Chidolue, Das Fleisch im Bauch der Katze. Erzähl. Weinheim (B & G)
Pedro Chlanda, Streifzüge durchs Niemandsland im Jedermannland Amerika. Wien (Freibord)
Manfred Chobot, reform-projekte. Satiren. Wien (Frischfleisch & Löwenmaul)
Renate Chotjewitz-Häfner, Peter O. Chotjewitz, Die mit Tränen säen. Israelisches Reise Journal. München (AutorenEdition)
Jan Christ, Der Morgen auf dem Lande. Roman. Ffm. (Suhrkamp)
Hanns Cibulka, Der Rebstock. Gedichte. Halle (Mitteldeutscher)
Klaus Conrad, Dauerndes Glück. Roman. Köln (Kiepenheuer & Witsch)
Gustav A. Conradi, Sunna. Dichtung. Bovenden (Graphikum)
Claude Cueni, Ad acta. Aarau (Sauerländer)
Alexander Czerski, Der Umweg. Roman. Gerlingen (Bleicher)
Erich Dauenhauer, . . . und kamen nach Santa Domingo. Roman. Ffm. (Knecht)
Wolf Deinert, Meine Heimat. Ffm. (2001)
Christoph Derschau, Die guten Wolken. Modern & Polaroid Haikus. Mch. (Renner)
Uwe Dick, Der Öd. München (Ehrenwirth)
Walter Matthias Diggelmann, Spaziergänge auf der Margareteninsel. Erzählungen. Köln (Benziger)
Dimitri, Der Schlaufenclown. Geschichten. Bern (Benteli)
Martin Disler, Bilder vom Maler. Texte. Dudweiler (AQ)
Hugo Dittberner, Ruhe hinter Gardinen. Gedichte. 1971-1980. Reinbek (Rowohlt)
Hannsferdinand Döbler, Kein Alibi. Roman. Berlin (Ullstein)
Alfred Döblin, Autobiographische Schriften und letzte Aufzeichnungen. Olten (Walter)
Friedrich Döppe, Holtekamp oder Der Weg nach Gutenberg. Roman. Berlin (Aufbau)
Tankred Dorst, Die Villa. Schauspiel. Ffm. (Suhrkamp)
Hans Drawe, Kopfstand. Eine Geschichte. Hamburg (Hoffmann & Campe)
Ingeborg Drewitz, Zeitverdichtung. Essays – Kritiken – Portraits. Wien (Europa)
Ernst-Jürgen Dreyer, Ein Fall von Liebeserschleichung. Berlin (Ullstein)
Rolf Dürr/Christoph Niess, Von Tobias und anderen Männern. Berlin (enw)
Friedrich Dürrenmatt, Werkausgabe in 30 Bänden. Zürich (Arche)
Adelheid Duvanel, Windgeschichten. Darmstadt (Luchterhand)
Adelheid Duvanel, Wände, dünn wie Haut. Erzählungen. Basel (GS)
Benedikt Dyrlich, Grüne Küsse. Gedichte. Berlin (Aufbau)
Dieter G. Eberl, Roß und Reiter. Roman. Berg. Gladbach (Braun)
Wolfgang Ebert, Ein ganz normaler Neurotiker. Roman. München (Nymphenb.)
Clemens Eich, Aufstehn und gehn. Gedichte. Ffm. (S. Fischer)
Mario Eicher, Spuren im Schnee. Gedichte. Salzburg (Podium 70)
Rudolf von Eichthal, Der Marschallstab. Roman. Wien (Kremayr Scheriau)
Helmut Eisendle, Das Verbot ist der Motor der Lust. Ess. Salzburg (Residenz)
Helmut Eisendle, Mayerling. Elegie u. Essay. Berlin (Rainer)
Stefan Eisner, Die beiden Seelen. Stück. Köln (Ellenberg)
Gisela Elsner, Die Zerreißprobe. Erzählungen. Reinbek (Rowohlt)
Otto Emersleben, Strom ohne Brücke. Roman. Berlin (Neues Leben)
Josef Enengl, Neue Gedichte. Wien (Freibord)

Adolf Endler, Neue Nachricht von »Nebbich«. Eine Richtigstellung. Berlin (Bln. Handpr.)
Ria Endres, Am Ende angekommen. Ffm. (S. Fischer)
Peter Engel, Einige von uns. Gedichte. Freiburg (Dreisam)
Kai Engelke, Die Angst macht mir Bauchweh. Ged. u. Lieder. Hann.-München (Gauke)
Bernt Engelmann, Die Laufmasche. Tatsachenroman. München (AutorenEdition)
Maria Erlenberger, Ich will schuld sein. Reinbek (Rowohlt)
Hansjörg Erny, Fluchtweg. Roman. Frauenfeld (Huber)
Harald Eschenburg, Wind von vorn. Roman. Hamburg (Knaus)
Manfred Esser, Zeilen 1978/79. Stuttgart (Eks)
Martin Etter, Aber äbe. Bärndütschi Gedicht. Bern (Wyss)
Klas Ewert Everwyn, Die Stadtväter. Roman. Hamburg (Hoffmann & Campe)
Richard Exner, Fast ein Gespräch. Gedichte. München (Münchner Ed.)
Ernst Fabian, Im Dasein ist Dasein so wichtig. Limericks. Ebenhausen (Langewiesche-Brandt)
Franz Fassbind, Überall ist Ithaka. Gedichte. Luzern (ISV)
Jürg Federspiel. Die beste Stadt für Blinde und andere Berichte. Ffm. (Suhrkamp)
Roderich Feldes, Lilar. Roman. Hamburg (Hoffmann & Campe)
Roderich Feldes, Vom Unwesen einiger Wesen. Dreieichenhain (p.p.p.)
Heiner Feldhoff, Wiederbelebungsversuche. Gedichte. Horn (Manufaktur)
Ludwig Fels, Vom Gesang der Bäuche. Ausgew. Ged. Darmstadt (Luchterhand)
Monika Feth, Examen. Reinbek (Rowohlt)
Hubert Fichte, Leonore Mau, Petersilie. Ffm. (S. Fischer)
Urs M. Fiechtner, . . . und lebendiger als sie alle. Ged. Tbg. (Neuer Vlg. Bruscha)
Wolfgang Fienhold, Draussen AXF. Terra. Stories. Hann. Münden (Gauke)
Adrien Finck, Mülmüsik. Gedichte in elsäss. Mundart. Kehl (Morstadt)
Karin Fischer, Abseits der Neonreklame. Lyrik. Hannover (Moorburg)
Kaspar Fischer, Hänsel und Gretel. Erzähl. Gümligen (Zytglogge)
Lore Fischer, Von Adam ond Eva bis zu de Schwoba. Reutlingen (Knödler)
Herbert Fleck, Die Stadt. Roman. Graz (Leykam)
Marieluise Fleißer, Der Tiefseefisch. Texte, Fragmente, Materialien. Ffm. (Suhrkamp)
Walter Flemmer, Das Messer im Leib der Puppe. Roman. München (Steinhausen)
Walter Foelske, Anatomie eines Gettos. Erzählungen. Berlin (rosa Winkel)
Dieter Forte, Fluchtversuche. 4 Fernsehspiele. Ffm. (S. Fischer)
Karlhans Frank, Franks Freunde und die Bären. Dreieichenhain (p.p.p.)
Henning Franke, Mein Lachen soll dein sein. Texte, Ged. Oldenburg (Wundertüte)
Hans Frick, Die Flucht nach Casablanca. Roman. München (Steinhausen)
Friedrich Fricke, Von Tag zu Tag. Gedichte. Ffm. (R. G. Fischer)
Hermann Friedl, Heilverfahren oder das Fernglas. Roman. Wien (Jugend & Volk)
Herbert Friedmann, Kalle Durchblick. Roman. Dortmund (Weltkreis)
Fritz Rudolf Fries, Alle meine Hotel Leben. Berlin (Aufbau)
Dieter Fringeli, Albin Fringeli Lesebuch. Breitenbach (Jeger-Moll)
Barbara Frischmuth, Bindungen. Erzählung. Salzburg (Residenz)
Friedrich M. Fritz, Und dahinter die Sonne. Klagenfurt (Heyn)
Marianne Fritz, Das Kind der Gewalt und die Sterne der Romani. Roman. Ffm. (S. Fischer)
Klaus Frühauf, Mutanten auf Andromeda. Phant. Roman. Berlin (Neues Leben)
Ursula Fuchs, Reinhold reg dich nicht auf. Modautal (anrich)
Gertrud Fussenegger, Maria Theresia. Wien (Molden)
Dagmar Galin, Ich, die Anakonda. Roman. Köln (Kiepenheuer & Witsch)
Herbert Gall, Deleatur. Notizen aus einem Betrieb. Ffm. (Suhrkamp)

Hans Peter Gansner, Abgebrochenes Leben. Drogenroman. Basel (Nachtmaschine)
Astrid Gehlhoff-Claes, Erdbeereis. Erzählungen. Düsseldorf (Erb)
Christian Geissler, Im Vorfeld einer Schußverletzung. Gedichte. Bln. (Rotbuch)
Christoph Geiser, Brachland. Roman. Köln (Benziger)
Manfred Gerig, Schief. Drei Erzählungen. Basel (Lenos)
Elfriede Gerstl, Narren und Funktionäre. Wien (Frischfleisch & Löwenmaul)
Simon Gfeller, Hansjoggeli, der Erbvetter. Mundartstück. Elgg (Volksverlag)
Alex Gfeller, Land & Leute. Erzählungen. Basel (Lenos)
Hans Gigacher, Der Ungünstling. Ein Bericht. Aarau (Sauerländer)
Paul Gisi, In der Milchstraße der Worte. Gedichte. Breitenbach (Jeger-Moll)
Andrea Gnam, Ich wohne in zwei Städten. Erzählungen. Karlsruhe (Loeper)
Reiner Gödtel, Meine Haut – deine Haut. Gedichte. Salzburg (Podium 70)
Ulfert Goeman, SPALT. Gedichte. Breitengüssbach (Bachmair)
Gunter Göring, Herzloses Glück. Gedichte. Kaufbeuren (Pohl'n' Mayer)
Christoph Gottwald, Versteinerungen. Gedichte. Köln (Janus-Presse)
Wolfgang Gowin, Der Ring. Gedichte. Ffm. (R. G. Fischer)
Bernd Grashoff, Kassiber für Carlos D. Anarchisten unter sich. Roman. Tbg. (IVA)
Günter Grass, Wie ich mich sehe. Gedichte und Grafik. Darmstadt (Luchterhand)
Günter Grass, Aufsätze zur Literatur 1957-1979. Darmstadt (Luchterhand)
Günter Grass, Kopfgeburten oder die Deutschen sterben aus. Darmst. (Luchterh.)
Fritz Grasshoff, Der blaue Heinrich. Roman. München (Nymphenburger)
Martin Gregor-Dellin, Richard Wagner. München (Piper)
Peter Greiner, Fast ein Prolet. Drei Stücke. Ffm. (Suhrkamp)
Reinhard P. Gruber, Heimwärts Einwärts. Königstein (Athenäum)
Martin Grzimek, Berger. Roman. München (Hanser)
Max v. d. Grün, Etwas außerhalb der Legalität u. a. Erz. D'stadt (Luchterhand)
Max von der Grün, Mein Lesebuch. Ffm. (S. Fischer)
Michael Guttenbrunner, Gesang der Schiffe. Ged. Düsseldorf (Claassen)
Hans-Joachim Haecker, Registriert im XX. Jhdt. Gedichte. Lahnstein (Calatra Press)
Barbara Haeger, Mein schwarzer Bruder. Ged. Tübingen (Neuer Vlg. Bruscha)
Peter Härtling, Nachgetragene Liebe. Darmstadt (Luchterhand)
Rudolf Hagelstange, Spiegel des Narziß. München (List)
Ulla Hagenau, Schöne verkehrte Welt. Berlin (Ullstein)
Hans Heinz Hahnl, Die verschollenen Dörfer. Roman. Wien (Europa)
George Halban, Operation Fuchsjagd. Roman. München (Piper)
Christian Haller, Die hälfte der Träume und andere Ges. Mch. (Noack-Hübner)
Elfriede Hammerl, Vater- Mutter- und Geburtstag. 3 Erz. Königstein (Athenäum)
Margarete Hannsmann, Landkarten. Düsseldorf (Claassen)
Margarete Hannsmann, Schaumkraut. Gedichte. Düsseldorf (Eremiten)
Ludwig Harig, Pfaffenweiler Blei. 18 alexandrin. Sonette. Pfaffenweiler (Pfaffenweiler Pr.)
Ludwig Harig, Der kleine Brixius. Eine Novelle. München (Hanser)
Peter Harrison, Namasteh. Roman. Salzburg (Berglandbuch)
Günter Harte, Du un ik un he un se. Plattdüütsche Vert. Hamburg (Glogau)
Geno Hartlaub, Das Gör. Roman. Hamburg (Knaus)
Lukas Hartmann, Gebrochenes Eis. Aufzeichnungen. Zürich (Arche)
Elfriede Haslehner, Nebenwidersprüche. Gedichte. Wien (Frischfleisch & Löwenmaul)
Ingeborg Hasler, Landschaft mit schwerer Wolke. Ged. Hann.-Münden (Gauke)
Josef Haslinger, Der Konviktskaktus und andere Erz. München (Autorened.)
Dieter Hasselblatt, Figurenopfer. Kriminalroman. Reinbek (Rowohlt)
Regina Hastedt, Die Bergparade. Erzählung. Berlin (Tribüne)
Hannes Hatje, St. Pauli Girl präsentiert. Pseudo. Texte. Hamburg (Loose Blätter Pr.)

Arnold Hauser, Der Fischteich. Erzählungen. Berlin (Lit. Colloquium)
Herbert Heckmann, Ein Bauer wechselt seine Kleidung und verliert sein Leben. Ein Lesebuch. München (Hanser)
Birgit Heiderich, Mit geschlossenen Augen. Tagebuch. Ffm. (Suhrkamp)
Alexander Heimann, Lisi. Roman. Bern (Erpf)
Ernst Heimes, Zwischenwelt. Texte und Gedichte. Koblenz (edorgen)
Christoph Hein, Einladung zum Lever Bourgeois. Erz. Berlin (Aufbau)
Bernd Heinen/Brigitte Warnach, Schreib deine Welt zuende bevor das Ende dich abschreibt. Gedichte. Oldenburg (Ed. Wundertüte)
Elisabeth Heinisch, Der Hirseberg. Roman. Düsseldorf (Erb)
Willi Heinrich, Herzbube und Mädchen. Roman. München (Bertelsmann)
Siegfried Heinrichs, Die Erde braucht Zärtlichkeit. Ged. Bln. (Europäische Ideen)
Hartmut Heinze, Eden Berlin. Gedichte. Berlin (Bärenpresse)
Gertraud Heise, Reise in die schwarze Haut. Wuppertal (Hammer)
Hans Jürgen Heise, In schönster Tieffluglaune. Ged. Düsseldorf (Claassen)
Helmut Heißenbüttel, Die goldene Kuppel des Comes Arbogast oder Lichtenberg in Hamburg. Geschichte. Stuttgart (Klett-Cotta)
Helmut Heißenbüttel, Das Ende der Alternative. Einfache Geschichten Projekt 3/3. Stuttgart (Klett-Cotta)
Ulrich Helmke, Aufstand der Spartaner im Rokoko. Novelle. Kassel (Wenderoth)
Peter Henisch, Vagabunden-Geschichten. München (Langen-Müller)
Eckhard Henscheid, Ein scharmanter Bauer. Erzählungen. Ffm. (2001)
Rudolf Henz, Die Gaukler. Roman. Graz (Styria)
Werner Herbst, Zur eisernen Zeit. Gedichte und Geschichten. Wien (Freibord)
Günter Herburger, Die Augen der Kämpfer. Roman. Darmstadt (Luchterhand)
Stephan Hermlin, Lebensfrist. Ges. Erz. Berlin (Wagenbach)
Stephan Hermlin, Aufsätze – Reportagen – Reden – Interviews. Hg. Ulla Hahn. Mch. (Hanser)
Franz Josef Herrmann, Keilberg. Gedichte. München (Huber & Klenner)
Marianne Herzog, Nicht den Hunger verlieren. Berlin (Rotbuch)
Frederik Hetmann, Eine schwierige Tochter. Köln (Benziger)
Günther Heuer, Die Versuchung des Novizen. Erz. Ffm. (R. G. Fischer)
Stefan Heym, Wege und Umwege. München (Bertelsmann)
Edgar Hilsenrath, Bronskys Geständnis. Roman. Mch. (Langen-Müller)
Hans Ulrich Hirschfelder, Orangen. Gedichte. Berlin (H. Schmid)
Rolf Hochhuth, Ärztinnen. Reinbek (Rowohlt)
Andreas Höfele, Jugendliebe. Roman. München (Piper)
Benno Höllteuffel, ois midnand. Gedichte & Lieder. Feldafing (F. Brehm)
Dieter Höss, Kanal voll. Satiren, Sprüche. Ffm. (S. Fischer)
Günter Hofé, Der dalmatinische Dolch. Erzählungen. Berlin (Vgl. d. Nation)
Kay Hoff, Hörte ich recht? Hörspiele. Freiburg (Kerle)
Angela Hoffmann, Aphrodisiaka. Gedichte. Hannover (Postskriptum)
Dieter Hoffmann, Engel am Pflug. Gedichte. Mainz (Hase und Koehler)
Gert Hofmann, Die Fistelstimme. Roman. Salzburg (Residenz)
Joachim S. Hohmann, Im Pfauenkäfig. Gedichte. Berlin (Foerster)
Dorothea Hollatz, Schau, mein Bruder. Gedichte. Darmstadt (Beicht)
Georg Holzwarth, s Messer em Hosasack. Schwäb. Ged. u. Prosa. Stuttgart (DVA)
Arthur Honegger, Der Nationalrat. Roman. Frauenfeld (Huber)
Richard Hopferwieser, Kants Taube. Gedichte. Zürich (Leu)
Werner Horand, Limericks und Schlimmericks. Hamburg (Hoffmann & Campe)
Dieter Hülsmanns/Jörg Remé, Juspa und Simone. Erzähl. Düsseldorf (Eremiten)
Heinz Hülsmann, Das Zeichen des Jonas. Ffm. (Haag und Herchen)
Bernhard Hüttenegger, Ein Tag ohne Geschichte. Erzähl. Pfaffenweiler (Pfaffenweiler-Presse)
Karl-Günther Hufnagel, Auf offener Straße. Roman. Salzburg (Residenz)
M. Hugo, Schwiiz, Chrankehuus. Gedicht. Solothurn (PifGü-Press)

Rahel Hutmacher, Wettergarten. Geschichten. Darmstadt (Luchterhand)
Kurt Hutterli, Ein Hausmann. Aarau (Sauerländer)
Felix Philipp Ingold, Leben Lamberts. Prosa. Ffm. (Suhrkamp)
Meinrad Inglin, Begräbnis eines Schirmflickers und andere Erz. Ffm. (Suhrkamp)
Maridl Innerhofer, A Kraut mit tausnd Guldn. Mundartverse. Bozen (Athesia)
Karl-Heinz Jakobs, Beschreibung eines Sommers. Roman. Berlin (Das Neue Berlin)
Bernd Jaeger, Hart an der Grenze. Gedichte. Ffm. (Robinson)
Otto Jägersberg, Empörte Frauen. Eremiten-Kal. Düsseldorf (Eremiten)
Beat Jäggi, Gschichte vo bsundere Lüüte. Derendingen-Solothurn (Habegger)
Ernst Jandl, Aus der Fremde. Sprechoper in 7 Szenen. Darmstadt (Luchterhand)
Ernst Jandl, Der gelbe Hund. Gedichte. Darmstadt (Luchterhand)
Judith Jannberg, Ich bin ich. München (Kindler)
Horst Janssen, Ergo-Texte. Hamburg (Christians)
Georg Jappe, Mementi, Tagebücher. Köln (Hermansen)
Robert Jarowoy/Fritz Teufel, Märchen aus der Spaßgerilja. Bremen (Roter Funke)
Gerhard Jaschke, Ausgewählte Gedichte. 1971-1980. Wien (Freibord)
Jürg Jegge, Nachdruck. Reden, Aufsätze usw. Gümligen (Zytglogge)
Elfriede Jelinek, Die endlose Unschuldigkeit. Prosa, Hörspiel, Essay. Schwifting (Schwift. Gal.)
Elfriede Jelinek, Die Ausgesperrten. Roman. Reinbek (Rowohlt)
Manfred Jendryschik, Die Ebene. Gedichte. Halle (Mitteldeutscher)
Bernd Jentzsch, Irrwisch. Ein Gedicht. Pfaffenweiler (Pfaffenweiler-Presse)
Peter Jirak, Im Augenblick der Gefahr. Roman. Basel (Stroemfeld)
Hanna Johansen, Trocadero. Roman. München (Hanser)
Gert Jonke, Die erste Reise zum unerforschten Grund des stillen Horizonts. Salzburg (Residenz)
Ernst Jünger, Siebzig verweht. Bd. I. Stuttgart (Klett-Cotta)
Gerhard Jung, Uf de Schwelle. Alemann. u. hochdt. Ged. Lahr (Schauenburg)
Marianne Junghans, Alle atemlosen Spiele. Gedichte. Duisburg (Mercator)
Hanne F. Juritz, . . . einen Weg zu finden. Gedichte. Dreieichenhain (p.p.p.)
Hanne Juritz, Hommage a Marcel Marceau. Gedichte. Düsseldorf (Eremiten)
Hanne F. Juritz, Landstriche. Gedichte. Dreieichenhain (p.p.p.)
Sascha Juritz, Michel Cevey, Liebesgedichte. Dreieichenhain (p.p.p.)
Barbara Just-Dahlmann, Simon. Stuttgart (Radius)
Heinz Kahlau, Tasso und die Galoschen. Zwei Stücke. Berlin (Aufbau)
Johannes Kaiser, Singe von dir und Abraxas. Ged. in allemann. Mundart. Lahr (Schauenburg)
Mascha Kaléko, Heute ist morgen schon gestern. Gedichte. Berlin (arani)
Hans Jürgen Kallmann, Der verwundbare Stier. München (List)
Rolf Kauka, Roter Samstag oder der dritte Weltkrieg findet nicht statt. Roman. Mch. (Herbig)
Diana Kempff, Hinter der Grenze. Roman. Salzburg (Residenz)
Marie-Thérèse Kerschbaumer, Der weibliche Name des Widerstands. Sieben Berichte. Olten (Walter)
Paul Kersten, Die Blume ist ängstlich. Gedichte. Hamburg (Porcus-Presse)
Erwin Kester, Auslese. Gedichte. Ffm.-Bergen-Enkheim (Schubert)
Rolf Kieser, Hollywood Boulevard. Roman. Hann. Münden (Gauke)
Hermann Kinder, Vom Schweinemut der Zeit. Ein Erziehungsroman. Zürich (Diogenes)
Annerose Kirchner, Mittagsstein. Gedichte. Berlin (Aufbau)
Rainer Kirsch, Ausflug machen. Gedichte. Rostock (Hinstorff)
Michael Kirmes, Kunstlicht. Gedichte. Köln (Prometh)
Sarah Kirsch, Hans mein Igel. Köln (Middelhauve)
Sarah Kirsch, La Pagerie. Lyrik. Stuttgart (DVA)

Hans Hellmut Kirst, Ausverkauf der Helden. Roman. München (Bertelsmann)
Eckart Klessmann, Botschaften für Viviane. Ged. Hamburg (Hoffmann & Campe)
Norbert Klugmann/Theaterwehr Brandheide, Polizei und Liebe. Stück. Köln (Prometh)
Joachim Knappe, Abschied von Maria. Roman. Halle (Mitteldeutscher)
Jurij Koch, Der einsame Nepomuk. Erzählungen. Halle (Mitteldeutscher)
Gabor Kocsis, Der Engel geht nicht irre. Lyrik u. Prosa. Marburg (Trautvetter u. Fischer)
Peter Köck, Das unbewältigte Wörterbuch. Wien (Freibord)
Monika Köhler, Die Früchte vom Machandelbaum. München (Kindler)
Erich Köhler, Hartmut und Joana. Filmerzählung. Rostock (Hinstorff)
Erich Köhler, Kiplag-Geschichten. Phant. Erzählungen. Berlin (Neues Leben)
Barbara König, Der Beschenkte. Roman. München (Hanser)
Helga Königsdorf, Meine ungehörigen Träume. Geschichten. Berlin (Aufbau)
Wolfgang Hermann Körner, Die ägyptischen Träume. Prosa. Berlin (Wagenbach)
Werner Kofler, Aus der Wildnis. Zwei Fragmente. Berlin (Wagenbach)
Uwe Kolbe, Hineingeboren. Gedichte 1975-1979. Berlin (Aufbau)
Fritz Kortner, Nacht und Nebel/Donauwellen. 2 Stücke. Köln (Prometh)
Matthias Kraus, Wo die Regenwürmer baden. Texte. Dreieichenhain (p.p.p.)
Oskar Kreibich, Auferstehung auf böhmisch. Düsseldorf (Rau)
Rüdiger Kremer, Donald Donald. Ged. u. Balladen. Düsseldorf (Eremiten)
Jörg Krichbaum, Abenteuer mit Malverini. Erzählungen. München (Hanser)
Kurt Krispien, Die Tarnkappe. Roman. Kassel (Omega)
Vlado Kristl, Hamburg 1980. Gedichte. Hamburg (Loose Blätter Pr.)
Rainer Kroder, Annäherung an Mirami. Hann. Münden (Gauke)
Wolfgang Kröber, Am Rande der Stadt. Roman. Berlin (Aufbau)
Karl Krolow, Sterblich. Gedichte. Pfaffenweiler (Pfaffenweiler-Presse)
Brigitte Kronauer, Frau Mühlenbeck im Gehäus. Roman. Stuttgart (Klett-Cotta)
Jürgen Kroß, Inmitten. Lyrik. Aarau (Sauerländer)
Dietrich Krusche, Kienspan steht auf. Roman. Stuttgart (Klett-Cotta)
Dietrich Krusche, Der Fisch im Sand. Erzählungen. München (Fink)
Dieter Kühn, Auf der Zeitachse. Vier Konzepte. Ffm. (Suhrkamp)
Dieter Kühn, Galaktisches Rauschen. 6 Hörspiele. Ffm. (S. Fischer)
Anton Kuerzi, Die Stirn. Hinwil (Ed. Howeg)
Otto Heinrich Kühner, Dreierlei Wahrheiten über einen Volkshelden. Erz. Mch. (Münchner Ed.)
Günter Kunert, Abtötungsverfahren. Gedichte. München (Hanser)
Günter Kunert, Kurze Beschreibung eines Momentes der Ewigkeit. Prosa. Leipzig (Reclam)
Reiner Kunze, Abbitte nach der Reise. Gelsenkirchen (Ed. Xylos)
Carl Heinz Kurz, Spuren im Sande der Zeit. Ged. Hann. Münden (Gauke)
Carl Heinz Kurz, Wohin ich auch ging. Lyrische Prosa. Bovenden (Graphikum)
Carl Heinz Kurz, Mein Lesebuch Römisch Eins. Bovenden (Graphikum)
Vollrad Kutscher, Der weiße Traum. Performance. Ffm. (Betzel)
Jürg Laederach, Das Buch der Klagen. Sechs Erzählungen. Ffm. (Suhrkamp)
Jeanette Lander, Ich, allein. Roman. München (AutorenEdition)
Claudio Lange, Rückkehr ins Exil und andere Gedichte. Reinbek (Rowohlt)
Gabriel Laub, Dabeisein ist nicht alles. Neue listige Geschichten. Hbg. (Knaus)
Dieter Lenz, Der Tag, als die Autos die Macht übernahmen. Gedichte. Berlin (Schmid)
Siegfried Lenz, Drei Stücke. Zeit der Schuldlosen. Das Gesicht, Die Augenbinde. Hamburg (Hoffmann & Campe)
Leonhard Leocum & Paul Posnick, Weitere Aussichten tödlich. Roman. Düsseldorf (mvs)
Henrike Leonhardt, Fressen Alpendosen Vollmilch Schokoladen Kühe Gras? Gedichte. Düsseldorf (Eremiten)

Reinhard Lettau, Zerstreutes Hinausschaun. Aufsätze. Mch. (Hanser)
Gertrud Leutenegger, Lebe wohl, Gute Reise. Ein dram. Poem. Ffm. (Suhrkamp)
Udo Lindenberg, Textbuch. Reinbek (Rowohlt)
Norbert Loacker, Aipotu. Roman. München (Kindler)
Hans Löffler, Wege. Gedichte und Geschichten. Berlin (Aufbau)
Roger Loewig, Ein Vogel bin ich ohne Flügel. Ged. Hbg. (H. & C)
Werner Lonski, Kühle Gedichte. Hann. Münden (Gauke)
Hans-Peter de Lorent, Die Hexenjagd. Berufsverbotsroman. Dortmund (Weltkreis)
Rudolf Lorenzen, Grüße aus Bad Walden. Mord auf Super-8. Ffm. (S. Fischer)
Gert Loschütz, Diese schöne Anstrengung. Gedichte. München (AutorenEdition)
Jörg Loskill, Zeitpunkt. Zyklus. Gelsenkirchen (Ed. Xylos)
Arno Lubos, Schwiebus. Roman. München (Langen-Müller)
Vrony Lüthi, Sunntigsrueh. Gedichte. Aarau (Sauerländer)
Martin Luksan, Hammer genügt nicht. Erzählung. München (List)
Anneliese Lussert, Tannagäss und Schpreisseli. Gedichte in unterfränk. Mundart. Marktbreit (Gress)
Helmut Mader, Umgebung der Logik u. andere Gedichte. Stuttgart (Eks)
Manfred Mai, Suchmeldung. Gedichte zum Anfassen. Stuttgart (Spectrum)
Rainer Malkowksi, Vom Rätsel ein Stück. Gedichte. Ffm. (Suhrkamp)
Christoph Mangold, Zdenka. Erzählung. Basel (Lenos)
Christoph Mangold, Gras anmalen. Gedichte. Basel (Nachtmaschine)
Thomas Mann, Tagebücher 1937-1939. Ffm. (S. Fischer).
Peter Marginter, Der Baron und die Fische. Roman. Stuttgart (Klett-Cotta)
Walter Markov, Kognak und Königsmörder. Berlin (Aufbau)
Sigi Maron, Der Wolkenschlepper. Prosa, Ged. Wien (Frischfleisch & Löwenmaul)
Kurt Marti, Abendland. Gedichte. Darmstadt (Luchterhand)
Bernd Mattheus, Die Augen öffnen sich im Unklaren und schließen sich im Verdunkelten. Notizen. München (Matthes & Seitz)
Frank-Wolf Matthies, Unbewohnter Raum mit Möbeln. Erz. Reinbek (Rowohlt)
Hisako Matsubara. Glückspforte. Roman. Hamburg (Knaus)
Wolfgang Mayer König, In den Armen unseres Wärters. Marburg (Trautvetter & Fischer)
Friederike Mayröcker, Die Abschiede. Ffm. (Suhrkamp)
Angelika Mechtel, Die andere Hälfte der Welt. Roman. München (List)
Christoph Meckel, Suchbild. Über meinen Vater. Düsseldorf (Claassen)
Christoph Meckel, Das Dings da. Düsseldorf (Eremiten)
Selma Meerbaum-Eisinger, Ich bin in Sehnsucht eingehüllt. Ged. Hamburg (Hoffmann & Campe)
Willi Meinck, Warten auf den lautlosen Augenblick. Erz. Halle (Mitteldeutscher)
Hans Menninger, Lebenszeichen. Gedichte. Ffm. (Betzel)
Gerhard W. Menzel, Wolfenbütteler Jahre. Erzählung. Halle (Mitteldeutscher)
Svende Merian, Der Tod des Märchenprinzen. Frauenroman. Hamburg (Buntbuch)
Achim Metzkes, Das Haus des Vaters. Roman. Halle (Mitteldeutscher)
Christof Meury, Am Rande und dazwischen. Gedichte. Basel (Nachtmaschine)
Elisabeth Meylan, Bis zum Anbruch des Morgens. Roman. Zürich (Arche)
Jo Micovich, Die unbekannte Schweiz. Prosa. Mainz (na und autorenverlag)
Helmut Stefan Milletich, Dorfmeister. Roman. Eisenstadt (Edition Roetzer)
Hermann Misteli, Fahrt ins Abseits. Gedichte. Breitenbach (Jeger-Moll)
Horst Mönnich, Am Ende des Regenbogens. Hörspiele. München (Münchner Ed.)
Rolf Mörschel, Die Verschwörung. Polit. Drama. Hann. Münden (Gauke)
Michael Molsner, Eine kleine Kraft. Roman. München (Steinhausen)
Eckardt Momber, Schüsse in Dombrowskis Bauch. Reportage. Köln (Prometh)
Beate Morgenstern, Jenseits der Allee. Geschichten. Berlin (Aufbau)
Michael Morgental, Die Bibliothek des Wendelin Bramlitzer. Geschichten. Weissenburg (Kanalpresse)

Peter Morger, Notstrom. Geschichten. Gümligen (Zytglogge)
Fanny Morweiser, Die Kürbisdame. Kleinstadt-Trilogie. Zürich (Diogenes)
Walter Paul Mosimann, Das dritte Leben. Erzählungen. Zürich (NZN)
Walter Mossmann, Flugblattlieder, Streitschriften. Berlin (Rotbuch)
Josef Mühlberger, Bogumil. Roman. München (Langen-Müller)
Günter Müller, Die toten Fische sind die Vorboten des stummen Frühlings. Hörstück. Hannover (Postskriptum)
Hanns Otto Münsterer, Mancher Mann. Gedichte. Ffm. (S. Fischer)
Adolf Muschg, Baiyun oder die Freundschaftsgesellschaft. Rom. Ffm. (Suhrkamp)
Wilhelm Muster, Der Tod kommt ohne Trommel. Roman. Stuttgart (Klett-Cotta)
Marlotte Neumann, Kulturbeutel. Berlin (Frauenselbstverlag)
Olaf Neumann, Aufenthalt unterwegs. Meditationen. Marburg (Francke)
Erik Neutsch, Fast die Wahrheit. Berlin (Tribüne)
Rolf Niederhauser, Kältere Tage in sieben Bildern. Erz. Darmstadt (Luchterhand)
Paul Nizon, Aber wo ist das Leben. Ffm. (Suhrkamp)
Barbara Noack, Elterngeschichten. München (Langen-Müller)
Lydia November, L. N. Hamburg (Frauenselbstverlag)
Albert Oesch, Liebesspiegel. Lausanne. (A. & P. Gonin)
Eugen Oker, Und ich der Fahnenträger. Eine wahre Satire. Mch. (Nymphenburger)
Andreas Okopenko, Gesammelte Lyrik. Wien (Jugend & Volk)
Olger M. Olsen, Der Tod der Maulwürfe, Kurzgesch., Aphor. Schwichteler (Schaaf)
Sandra Paretti, Das Echo deiner Stimme. München (Droemer)
Paul Parin, Untrügliche Zeichen von Veränderung. München (Kindler)
Birgit Pausch, Bildnis der Jakobina Völker. Erz. Düsseldorf (Claassen)
Marietta Peitz, Die bunte Wirrnis der Dinge. Roman. Stuttgart (Radius)
Helmut Peschina, Palmenhaus. Hörspiele. Eisenstadt (Ed. Roetzer)
Rita Peter, Efeu Legende. Zürich (Classen)
Wilhelm Pevny, Peter Turrini, Dieter Berner, Alpensaga. Salzbg. (Residenz)
Hilde Peyr-Höwarth, Tropfen der Zeit. Gedichte. Salzburg (Podium 70)
Elisabeth Pfeiffer, Abschiedsmeer. Gedichte. Ffm. (R. G. Fischer)
Gisela Pfeiffer/Sis Koch, Zu bauen eine Kathedrale in der Wüste. Ged. Mch. (Noack-Hübner)
Hildegard Pieritz, Und wenn du mich morgen suchst. Roman. Berlin (H. Schmid)
Manfred Pieske, Schnauzer. Roman. Rostock (Hinstorff)
Richard Pietraß, Notausgang. Gedichte. Berlin (Aufbau)
Hans Pille, Die Familie Catalani. Roman. Ffm. (Knecht)
Zvonko Plepelić, Du kommen um sieben. Gedichte. Berlin (Oberbaum)
Alfred Pohl, Was ich noch tun werde. Lyrik. Gelsenkirchen (Ed. Xylos)
Chlodwig Poth, Die Vereinigung von Körper und Geist mit Richards Hilfe. Liebesroman. Ffm. (Krüger)
Helmut Qualtinger, Drei Viertel ohne Takt. Neue Satiren. München (Langen-Müller)
Richard Radßat, Wo die Worte verstummen. Ged. Hann. Münden (Gauke)
Rainer M. Rahn, Zu Lebzeiten. Erzählung. Kaufbeuren (Pohl'n' Mayer)
Ulrich Raschke, Am Affentorplatz. Gedichte. Reutlingen (Grube)
Hildegard Maria Rauchfuß, Fische auf den Zweigen. Roman. Halle (Mitteldeutscher)
Liselotte Rauner, Schleifspuren. Gedichte. Oberhausen (Asso)
Lutz Rathenow, Mit dem Schlimmsten wurde schon gerechnet. Prosa. Bln. (Ullstein)
Erika Rauschning, Selbstbehauptungen. Gedichte. Emsdetten (Lechte)
Werner Reinert, Der Dicke muß weg. Saar-Roman. Dillingen (Queisser)
Christa Reinig, Der Wolf und die Witwen. Erz. u. Essays. Düsseldorf (Eremiten)
Heidi Remund, Es isch so weeni gsy u doch so viu. Bern (Francke)

Hans Peter Renfranz, Das Haus meines Vaters. Roman. München (Nymphenburger)
Gerhard Rentzsch, Der Almanach und andere Geschichten für Radio. Berlin (Henschel)
Peter Renz, Vorläufige Beruhigung. Roman. Hamburg (Hoffmann & Campe)
Karin Reschke, Memoiren eines Kindes. Berlin (Rotbuch)
Walter E. Richartz, Reiters westliche Wissenschaft. Rom. Zürich (Diogenes)
Hans Werner Richter, Die Flucht nach Abanon. Erz. München (Nymphenburger)
Jutta Richter, Das Geraniengefängnis. Roman. Weinheim (Beltz & Gelberg)
Rudolf Riedler, Annäherung an Komombo. Gedichte. München (Münchner Ed.)
Karl Riha, gom/rin/ger, Konstellationen. Lyrik. Siegen (Riha)
Luise Rinser, Mein Lesebuch. Ffm. (S. Fischer)
Thomas Ripke, Herabsetzende Äußerungen. Erzählung. Weinheim (B&G)
Heinz Risse, Skepsis ohne Trauerflor. Hamburg (Merlin)
Karl Hermann Roehricht, Die unzufriedenen Wörter und andere Märchen. Bln. (Rütten & Loening)
Manfred Römbell, Das nächste Fest soll noch größer werden. Prosa. Dillingen (Queisser)
Clemens Conrad Rössler, Reif auf den Bäumen. Marburg (Wenzel)
Peter Rosei, Das schnelle Glück. Roman. Salzburg (Residenz)
Herbert Rosendorfer, Ball bei Thod. Erzählungen. München (Nymphenburger)
Rote Grütze, Mensch ich lieb dich doch. Spiel. München (Weismann)
Friederike Roth, Schieres Glück. Gedichte. Darmstadt (Luchterhand)
Gerhard Roth, Der stille Ozean. Roman. Ffm. (S. Fischer)
Peter Rühmkorf, Auf Wiedersehn in Kenilworth. Romant. Märchen. Ffm. (S. Fischer)
Friedrich Ruge, Spätlese gereimt. Herford (Koehler)
Uwe Saeger, Nöhr. Roman. Rostock (Hinstorff)
Gaston Salvatore, Der Kaiser von China. Eine Erz. München (Hanser)
Klaus Sandler, Friedliche Anarchie. Roman. Wien (Jugend & Volk)
Eva Maria Sartori. Die Rheinhagens. Roman. München (Schneekluth)
Erich-Günther Sasse, Der Brunnen. Roman. Rostock (Hinstorff)
Martin Sauerborn, Das Haus der Brüder. Freiburg (Kerle)
Hans Joachim Schädlich, Der Sprachabschneider. Reinbek (Rowohlt)
Camillo Schaefer, Die Erfindung der Angst. Roman. Wien (Frischfleisch & Löwenmaul)
Karol Schärding, Rache. Prosa u. Lyrik. Baden-Baden (Rinnamara)
Karol Schärding, Vor dem Meer noch einmal Rosen. Lyrik. Baden-Baden (Rinnamara)
Margot Scharpenberg, Domgespräche. Gedichte. Duisburg (Gilles & Francke)
Hanns Schaub, Das veränderte Land. Gedichte. Basel (Nachtmaschine)
Kurt Scheid, Die Eisenwand, Roman. Kehl (Morstadt)
Herrad Schenk, Unmöglich, ein Haus in der Gegenwart zu bauen. Roman. Darmstadt (Luchterhand)
Johannes Schenk, Für die Freunde an den Wasserstellen. Reinbek (Rowohlt)
Ronald M. Schernikau, Kleinstadtnovelle. Berlin (Rotbuch)
Heinz Schimmel, Unterwegs. Gedichte. Hann. Münden (Gauke)
Heinrich Schirmbeck, Die Pirouette des Elektrons. Erz. Düsseldorf (Claassen)
Einar Schleef, Gertrud. Roman. Ffm. (Suhrkamp)
Klaus Schlesinger, Leben im Winter. Erzählung. Ffm. (S. Fischer)
Christine Schlipf, Baumgespräche. Gedichte. Baden-Baden (werkstatt-ed.)
Hans Schmid, Die Schnüffler. Roman. Tübingen (Typoskript)
Beat Schmidlin/Barbara Schneider, Prima Volta. Fotoroman. Ffm. (Betzel)
Heidi Schmidt, Die Art zu leben. Berlin (Parallel)
Walter Schmögner, Der Traum vom Rückenwind. Ges. und Bilder. Ffm. (Insel)
Hansjörg Schneider, Lieber Leo. Roman. Köln (Benziger)

Hannsjörg Schneider. Stücke 1. Sennentuntschi, Der Erfinder, Der Schütze Tell. Basel (Nachtmaschine)
Michael Schneider, Das Spiegelkabinett. Novelle. München (AutorenEdition)
Rolf Schneider, Unerwartete Veränderung. Erzählungen. Rostock (Hinstorff)
Theo Schneider, Liebeslied des Staatsanwalts. Gedichte. Andernach (Atelier)
Werner Schneyder, Gelächter vor dem Aus. Aphorismen und Epigramme. Mch. (Kindler)
Wolfdietrich Schnurre, Ein Unglücksfall. Erzählung. München (List)
Bruno Schnyder, Albino. Roman. Köln (Benziger)
Bruno Schnyder, Aufstand der Träume. Gedichte. Köln (Benziger)
Lothar Schöne, Der Einzelkämpfer. Roman. Hamburg (Merlin)
Godehard Schramm, Mit glühender Geduld. Texte. Nürnberg (Kyrenia)
Wolfgang Schreyer, Der Reporter. Roman. Halle (Mitteldeutscher)
Margrit Schriber, Vogel, flieg. Roman. Frauenfeld (Huber)
Günter Karl Schröder, Lichtung im Schilfwald. Gedichte. Bovenden (Graphikum)
Wolf Christian Schröder, Dronte. Geschichte. Ffm. (S. Fischer)
Rolf Schroers, Der Hauptmann verläßt Venedig. Erzähl. Stuttgart (DVA)
Peter Schünemann, Gegengedächtnis. Erzählungen. München (Fink)
Peter Schütt, Die Muttermilchpumpe. Dortmund (Weltkreis)
Stefan Schütz, Laokoon. Berlin (Rotbuch)
Michael Schulte, Elvis' Tod. Szenen aus meinem Leben. München (Piper)
Tine Schulze Gerlach, Das Rauchsignal. Erzählungen. Berlin (Union)
Jutta Schutting, Der Vater. Erzählung. Salzburg (Residenz)
Brigitte Schwaiger, Arnulf Rainer, Malstunde. Wien (Zsolnay)
Brigitte Schwaiger, Lange Abwesenheit. Wien (Zsolnay)
Hans Dieter Schwarze, Die Brandebusemanns. München (Schneekluth)
Hans Dieter Schwarze, Memoriermurmeln. Verse. München (Schneekluth)
Fritz Schwegler, Von der Muttergotteskeit des Busen. Text. Düsseldorf (Eremiten)
Rolf Schwendter, Ich bin noch immer unbefriedigt. Lieder. Bln. (Rotbuch)
Holger Schwenke, Pik Bube. Texte. Hann. Münden (Gauke)
Anna Seghers, Aufsätze, Ansprachen, Essays 1927-1979. Berlin (Aufbau)
Adam Seide, Das ABC der Lähmungen. Prosa. Hannover (Postskriptum)
Adam Seide, Im Zustand wie gesehen. Roman. Reinbek (Rowohlt)
Ina Seidel, Aus den schwarzen Wachstuchheften. Unveröffentlichte Texte. Stgt. (DVA)
Dietrich Seiffert, Verlier nicht dein Gesicht. Roman. Recklinghausen (Bitter)
Martin Selber, Die Geschichte der Clarissa S. Roman. Halle (Mitteldeutscher)
Hans Joachim Sell, Die portugiesische Einladung. Dichtungen. Düsseldorf (Erb)
Manfred Semmelbauer, Michael. Gedichte. Berlin (Maldoror)
Fritz Senft, Straucheln. Erzählungen. Frauenfeld (Huber)
Bernhard Setzwein, hobdz mi gern. Feldafing (F. Brehm)
Günther Seuren, Abschied von einem Mörder. Erz. Reinbek (Rowohlt)
Evamarie Siebecke-Giese, Diotima und Garibaldi. Erz. Ffm. (R. G. Fischer)
Erich Sieburg, Der schwarze Fluß. Ged. Köln (Studie West)
Kurt Sigel, Krumm de Schnawwel, grad de Kerl. Düsseldorf (Claassen)
Johannes Mario Simmel, Wir heißen euch hoffen. Roman. München (Droemer)
Jürgen Slopianka, Wenn man einmal trotzig war. Texte u. Lieder. Trier (éd. trèves)
Gerold Späth, Commedia. Ffm. (S. Fischer)
Ulrich Speitel, Die Liebesschule auf unserer Klitsche. Berlin (Eulenspiegel)
Manès Sperber, Nur eine Brücke zwischen dem Gestrigen und dem Morgigen. Wien (Europa)
Martin Sperr, Olympio, die Legende vom weißen Neger & Schleifengedichte & Sprüche und Nachttexte. München (Huber & Klenner)
Monika Sperr, Die Freundin. Roman. München (Bertelsmann)
Michael Sperschneider, Oh Joe. Rockstories. Amsterdam (Azid)

Hilde Spiel, Mirko und Franca. Erzählung. München (Nymphenburger)
Lothar Spree, Der Freiheit Aber. Gedichte und Poems. Basel (Stroemfeld)
Werner Sprenger, Augen-Blicke. Prosa u. Gedichte. Konstanz (nie/nie/sagen-Vlg.)
Jakob Stebler, Erfolg garantiert. Satiren. Bern (Sinwel)
Luis Stefan Stecher, Beinahnähe. Gedichte. Bozen (Athesia)
Verena Stefan, mit Füßen mit Flügeln. Gedichte. München (Frauenoffensive)
Otto Steiger, Spurlos vorhanden. Roman. Zürich (Eco)
H. Steindam, Plessing im Winter. Erzählung. Berlin (Bärenpresse)
H. Steindam, Zwischen Anarchie und Unterwerfung. Prosa. Berlin (Bärenpresse)
Gisela Steineckert, Vor dem Wind sein. Lieder. Berlin (Neues Leben)
Ginka Steinwachs, George Sand. Berlin (Medusa)
Dietmar Stephan, Sterben ohne Tod. Erzählung. Siegen (Machwerk)
Klaus Stiller, Weihnachten. Roman. München (Hanser)
Frieder Stöckle, Als ob es mich nicht gäb. Roman. Stuttgart (Spectrum)
Verena Stössinger, Beatrice Leuthold, Franziska Mattmann, Muttertage. Gümligen (Zytglogge)
Botho Strauß, Rumor. Roman. München (Hanser)
Monika Strey, Spuren im Sediment. Düsseldorf (Triltsch)
Eva Strittmatter, Zwiegespräch. Berlin (Aufbau)
Lisa Stromszky, Rückantworten. Briefe. Eisenstadt (Roetzer)
Rudolf Sünkel, Bilderbogen. Sprachbilder. Lörrach (Bachmaier)
Arno Surminski, Fremdes Land oder als die Freiheit noch zu haben war. Roman. Hamburg (Hoffmann & Campe)
Gerhard Tänzer, Hier und anderswo. Larik. Dillingen (Queißer)
Jürgen Theobaldy, Schwere Erde, Rauch. Gedichte. Reinbek (Rowohlt)
Peter Tille, Landreiter 13. Gedichte. Halle (Mitteldeutscher)
Uwe Timm, Kerbels Flucht. Roman. München (AutorenEdition)
Michael Tonfeld, Und im übrigen bin ich der Meinung. Ged. München (OAV)
Christine Topp, abgeheftet . . . Lyrik. Bovenden (Graphikum)
Wolfgang Trampe, Die Kuckucksuhr. Erzählungen. Berlin (Aufbau)
Kurt Tschan, Worte schleppen. Gedichte. Solothurn (PifGü-Press)
Peter Turrini, Josef und Maria. Theaterstück. Wien (Frischfleisch & Löwenmaul)
Peter Turrini, Ein paar Schritte zurück. Gedichte. München (AutorenEd.)
Timm Ulrichs, Die Kunst des schönen Schreibens. Hannover (Zweitschrift)
Jan Ungefug, Wer den Frieden mit der Gabel ißt. Roman. Berlin (Medusa)
Thomas Valentin, Liebes-Geschichte. Düsseldorf (Erb)
Thomas Valentin, Niemandslicht. Gedichte. Düsseldorf (Erb)
Thomas Valentin. Grabbes letzter Sommer. Roman. Berlin (Ullstein)
Guntram Vesper, Die Illusion des Unglücks. Gedichte. München (Hanser)
Manfred Vogel, Ikarus in der Badewanne. Roman. Nürnberg (Kyrenia)
Walter Vogt, Vergessen und Erinnern. Roman. Köln (Benziger)
Johann Voss, Meine Mündigkeit. Gedichte. Göttingen (Gegenwind)
Wolfgang Waach, Gedichte aus einem leeren Raum. Eisenstadt (Roetzer)
Otto Waalkes, Das Buch Otto. Hamburg (Hoffmann & Campe)
Martin Walser, Das Schwanenhaus, Roman. Ffm. (Suhrkamp)
J. Monika Walther, Die Traurigkeit nach dem Singen. Roman. Münster (tende)
Silja Walter, Das Kloster am Rande der Stadt. Zürich (Arche)
Maxi Wander, Leben wär' eine prima Alternative. Darmstadt (Luchterhand)
Gerd Wandersleb, Wegesrand. Gedichte. Ffm. (R. G. Fischer)
Inge von Wangenheim, Die Entgleisung. Roman. Halle (Mitteldeutscher)
Konstantin Wecker, Man muß den Flüssen trauen. München (Ehrenwirth)
Jürg Weibel, Saat ohne Ernte. Roman. Basel (Nachtmaschine)
Grete Weil, Meine Schwester Antigone. Roman. Köln (Benziger)
Walter Weiss, Der Sonnensohn. Roman. Genf (Ariston)
Theodor Weißenborn, Das Haus der Hänflinge. Liebesgesch. Freiburg (Kerle)

Jürgen Wellbrock, Flüchten und wandern. Gedichte. Berlin (H. Schmid)
Dieter Wellershoff, Die Sirene. Novelle. Köln (Kiepenheuer & Witsch)
Sabine Werz, Tagemos' Tochter. Düsseldorf (Schell)
Arthur West, Israelsprüche. Gedichte. Wien (Frischfleisch & Löwenmaul)
Fritz Widmer, Di wüeschte u di schöne TrOim. Bärndütschi Gedichte. Gümligen (Zytglogge)
Urs Widmer, Züst – oder die Aufschneider. Vollständ. Textbuch. Zürich (Diogenes)
Urs Widmer, Lesebuch. Zürich (Diogenes)
Karl Wiesinger, Der Wolf. Roman. Wien (Frischfleisch & Löwenmaul)
Heinrich Wiensers Kürzestgeschichten. Basel (Lenos)
Gertrud Wilker, Nachleben. Roman. Frauenfeld (Huber)
Gertrud Wilker, Wolfsschatten. Roman. Frauenfeld (Huber)
Josef Winkler, Der Ackermann aus Kärnten. Roman. Ffm. (Suhrkamp)
Günther Winter, Traumspirale. Gedichte. Bozen (Athesia)
Ben Witter, Frauen am Nachmittag. Kurzgesch. Ffm. (S. Fischer)
Frank Witzel, Tage ohne Ende. Ein Poème Cinématique. Hamburg (Ed. Nautilus)
Friedrich Wlatnig, Der Berggeist. Drama. Wien (Prachner)
Jürgen Wohlfarth, Derselbe oder ein anderer. Hann. Münden (Gauke)
Rainer Wochele, Absprung. Roman. Recklinghausen (Bitter)
Gabriele Wohmann, Ach wie gut, daß niemand weiß. Roman. Darmstadt (Luchterhand)
Gabriele Wohmann, Guilty. Erzählung. Düsseldorf (Eremiten)
Gabriele Wohmann, Wir sind eine Familie. Erzählungen. Düsseldorf (Eremiten)
Klaus-Peter Wolf, Zoff um's Jugendheim. Roman. Dortmund (Weltkreis)
Detlef Wolff, Ein blondes Risiko. Reinbek (Rowohlt)
Wolf Wondratschek, Letzte Gedichte. Ffm. (2001)
Nico Würtz, ich sind zwei mehr im Kreis. Gedichte. Berlin (Maldoror)
Johannes Wüsten, Die Verrätergasse. Berlin (Volk und Welt)
Christa Wulf, Sitzgelegenheit ist mitzubringen. Kassel (Omega)
Michael Wulff, Ein schönes Geschenk. Gedichte. Rastatt (Fox Prod.)
Hedi Wyss, Keine Hand frei. Roman. Köln (Benziger)
Hartmut Zenker, Zeitflug ins Grün. Gedichte. Halle (Mitteldeutscher)
Rosemarie Zeplin, Schattenriß eines Liebhabers. Erzählungen. Bln. (Aufbau)
Jochen Ziem, Der Junge. München (AutorenEdition)
Gisela Zies, Siebenjahr. Novelle. Münster (tende)
Veronika E. Ziha, Windhauchketten. Gedichte. Salzburg (Podium 70)
Dieter Zimmer, Für'n Groschen Brause. München (Scherz)
Siegfried Zimmerschied, Kleinstadtbrevier. Nürnberg (Plakaterie)
Ueli Zingg, Zwischenstand. Roman. Gümligen (Zytglogge)
Albin Zollinger, Das Gewitter. Novelle. Zürich (Artemis)
Emil Zopfli, Computer für tausendundeine Nacht. Roman. Zürich (limmat)
Fee Zschocke, Er oder ich, Männergeschichten. Ffm. (2001)
Carl Zuckmayer, Rembrandt. Ein Film. Ffm. (S. Fischer)
Unica Zürn, Im Staub dieses Lebens. 63 Anagramme. Berlin (Alphëus)
Gerhard Zwerenz, Die Geschäfte des Herrn Morgenstern. Satiren. Mch. (Universitas)
Gerhard Zwerenz, Der Widerspruch. Autobiogr. Bericht. Berlin (Guhl)

Anthologien

Almanach für Literatur und Theologie 14. Heimat. Hg. J. R. Klicker. Wuppertal (Hammer)
Als ich 9 Jahre alt war, kam der Krieg. Schüler-Aufsätze aus dem Jahre 1946. Hg. H. Heer. Köln (Prometh)
Die Alternativpresse. Beiträge von 45 belletr. Autoren. Ellwangen (Emig)
Ansichten. Texte von Erwachsenen. Hg. A. Ohlmann. Saarbrücken (Schreiber)
Anthologie Bielefelder Colloquium. Neue Poesie. Hannover (Zweitschrift)
Aus Liebe zu Deutschland. Satiren zu F. J. Strauß. Hg. Heinar Kipphardt. Mch. (Autoren-Ed.)
Ausgabe Nr. 5. Lit.- und Kunstmagazin. Hg. Arnim Hundertmark. Köln (Hundertmark)
Auswahl 80. Neue Lyrik – Neue Namen. Hg. M. Dau u. W. Trampe. Berlin (Neues Leben)
Autoren-Patenschaften II. Hg. Rolfrafael Schroer. Duisburg (Gilles & Francke)
Claassen Jahrbuch der Lyrik 2. Das zahnlos geschlagene Wort. Hg. Christoph Buchwald u. Christoph Meckel. Düsseldorf (Claassen)
Das Diogenes Lesebuch moderner deutscher Erzähler. Zürich (Diogenes)
Ernte und Saat 1981. Ein Hausbuch. Hg. B. Faensen. Berlin (Union)
Frankfurter Anthologie 5. Gedichte und Interpretationen. Hg. Marcel Reich-Ranicki. Ffm. (Insel)
Der Franz mit dem roten Schlips. Porträts. Hg. D. Laux u. J. Zimmer. Bln. (Tribüne)
Frauen Bilder Lese Buch. Hg. Elefanten Press und Anna Tühne. Bln. (Elefanten Press)
Frauenjahrbuch 81. Münster (tende)
Gauke's Jahrbuch 81. Hg. Chr. u. G. Gauke. Hann. Münden (Gauke)
Genie gibts. Texte/Bilder. Hg. G. J. Lischka. Ffm. (Betzel)
Geschichten aus der Zukunft 2. Hg. Hg. Peter Walter. Reutlingen (Trotzdem)
Geschichten zum Anfassen. Hg. Werkkreis Literatur der Arbeitswelt. Ffm. (S. Fischer)
Her mit dem Leben. Hg. A. Stern/A. Hüfner. Oberhausen (Asso)
Homosexuelle Erzählungen. Hg. Joachim S. Hohmann. Ffm. (Foerster)
Hörspiele aus der DDR. Hg. Stefan B. Würffel. Ffm. (S. Fischer)
Ich denke an morgen. Lehrergedichte. Hg. Kai Engelke. Hann. Münden (Gauke)
Ich hab im Traum die Schweiz gesehn. Hg. Jochen Jung. Salzburg (Residenz)
Im neuen Land. Ausländische Autoren schreiben in deutscher Sprache. Bremen (ed. con)
In memoriam Helmut Mader. Stuttgart (Eks)
Jahrbuch für Lyrik 2. Hg. Karl Otto Conrady. Königstein (Athenäum)
Jahresring 80/81. Literatur u. Kunst d. Gegenwart. Stuttgart (DVA)
Karlsruher Lesebuch. Prosa u. Lyrik. Hg. A. Dürr. Karlsruhe (Fächer)
Kassette 4. Ein Almanach für Bühne, Podium und Manege. Hg. Ernst Günther, H. P. Hofmann und Walter Rösler. Berlin (Henschel)
Keine Angst vor der Angst. 17 Autoren schreiben zum Thema Angst. Hg. Manfred Mai. Stuttgart (Spectrum)
Kein Duft von wilder Minze. Anthologie. Hg. K. Steinhaußen. Halle (Mitteldeutscher)
Klagenfurter Texte 1980. Hg. Humbert Fink, Marcel Reich-Ranicki u. Ernst Willner. München (List)
Klappentexte I/80. Magazin für schwules lesen & schreiben. Berlin (rosa Winkel)
Der Kuß. Neue Geschichten und Gedichte. Hg. Franz Hohler u. a. Küsnacht (Sumus)

Lesebuch. Lyrik, Prosa, Bilder. Mainz (na und autorenverlag)
Lichtspuren. Literaturzeitschrift Nr. 1. Hg. Bernhard Streit. Bern (B. Streit)
Liebe. Hg. Nina Kindler. München (Kindler)
Literaturmagazin 13. Wie halten wir es künftig mit dem Neuen? Hg. Günter Kunert, Jürgen Manthey u. Delf Schmidt. Reinbek (Rowohlt)
Literarisches Arbeitsjournal. Hefte 5-8. Weissenburg (Kanalpresse)
Männerbeschreibungen. Hg. Gerd Wolter. Trier (éd. trèves)
Männerfreundschaften. Homosexuelle Liebesgeschichten. Berlin (Foerster)
Mein Lesebuch. Texte von Chotjewitz, Praunheim, Ziegler u.v.a. Bln. (Foerster)
Poetenseminar 1979. Berlin (Neues Leben)
Pop Sunday, Wenn es dunkel wird in Bayern. Mit Beiträg. von 30 Autor/inn/en. Regensburg (Kartenhaus)
Psalmen. 81 Beiträge von 30 Autoren aus der DDR, Stuttgart (Radius)
Schön ist die Jugend bei guten Zeiten. Prosa und Lyrik. Hg. Hessischer Schriftstellerverband. Redaktion Walter E. Richartz u. Heinrich Droege. Königstein (Athenäum)
Schriftsteller in Schleswig-Holstein – heute. Hg. Chr. D. Hahn u. Chr. Jenssen. Husum (Husum Druck)
Sie schreiben in Bochum. Anthologie. Hg. V. W. Degener u. H. E. Käufer. Duisburg (Gilles & Francke)
47 und Elf Gedichte über Köln. Hg. M. Franke. Köln (Prometh)
Spectaculum 32. Fünf moderne Theaterstücke u. Materialien. Ffm. (Suhrkamp)
Spectaculum 33. Fünf moderne Theaterstücke und Materialien. Ffm. (Suhrkamp)
Sportgeschichten. Hg. Werkkreis Literatur der Arbeitswelt. Ffm. (S. Fischer)
Sprechstörungen. 4 Hörspieltexte von Ch. Dürr, W. Schiffer, P. Goedel, H. Hoven, W. Kirchner, H. Taschau. Stuttgart (Radius)
Stadtansichten. Jahrbuch für Literatur in Berlin. Berlin (enw)
Stückelliebe. Hg. Elmar Wilms. Münster (Kaktus)
Teufel, Teufel! Trau keiner Stunde über 35! Stück. Hg. N. Kentrup u. G. Pabst, Offenbach (Verlag 2000)
Tintenfisch 19. Jahrbuch für deutsche Literatur 1980. Hg. Michael Krüger und Klaus Wagenbach. Berlin (Wagenbach)
Umsteigen bitte. Ged. aus Berlin. Hg. J. Beckelmann u. H. Schmid. Berlin (Schmid)
Und es wird Montag werden. Kurzgeschichten Beruf, Arbeitswelt. Hg. Ernst Halter. Zürich (Orell Füssli)
Unruhige Landsleute. Ein Lesebuch. Hg. Beatrice von Matt. Zürich (Artemis)
Wo die Nacht den Tag umarmt. Hg. Gudula Lorez, Berlin (Lorez)
Wer bist du, der du schreibst? Lyrik schreibender Arbeiter. Berlin (Tribüne)
Was auf den Nägeln brennt. Lit. Texte seit '65. Hg. A. Wolter u. H. Poethko. Reinbek (Rowohlt)
Wortwechsel. Junge Autoren äußern sich in Ged. u. Erz. Hg. G. Walter. Karlsruhe (Loeper)
Zivildienststories. Hg. Mannhardt/Schwamborn. Dortmund (Weltkreis)

Quarthefte

Kurt Wolff Autoren, Bücher, Abenteuer. Erinnerungen eines Verlegers
Hans Werner Richter Menschen in freundlicher Umgebung. Satiren
Ingeborg Bachmann Ein Ort für Zufälle. Prosa
Erich Fried und Vietnam und. 41 Gedichte
Johannes Bobrowski Wetterzeichen. Gedichte
Erich Fried Anfechtungen. Fünfzig Gedichte
Jakov Lind Angst und Hunger. Zwei Hörspiele
Marina Zwetajewa Gedichte. Aus dem Russischen von Christa Reinig
Wolf Biermann Mit Marx- und Engelszungen. Gedichte, Balladen, Lieder
Johannes Schenk Zwiebeln und Präsidenten. Gedichte
Christoph Meckel Eine Seite aus dem Paradiesbuch. Hörspiel
Tintenfisch 3 Jahrbuch für Literatur 1970.
Hrsg. von Michael Krüger und Klaus Wagenbach
Giorgio Manganelli Omegabet. Prosa. A. d. Ital. von Toni Kienlechner
Stephan Hermlin Scardanelli. Ein Hörspiel
Aimé Césaire Ein Sturm. Stück für ein schwarzes Theater
Wolf Biermann Der Dra-Dra. Die große Drachentöterschau
Peter Schneider Ansprachen. Reden, Notizen, Gedichte
Tintenfisch 4 Jahrbuch für Literatur 1971.
Hrsg. von Michael Krüger und Klaus Wagenbach
Kurt Bartsch Die Lachmaschine. Gedichte, Songs, Prosafragmente
Peter Rühmkorf Lombard gibt den Letzten. Theaterstück
Tintenfisch 5 Jahrbuch für Literatur 1972.
Hrsg. von Michael Krüger und Klaus Wagenbach
Wolfgang Deichsel Frankenstein. 59 Szenen aus dem Leben der Angestellten
Erich Fried Die Freiheit den Mund aufzumachen. Gedichte
Wolf Biermann Für meine Genossen. Hetzlieder, Gedichte, Balladen
Wolf Biermann Deutschland. Ein Wintermärchen. Poem
Tintenfisch 6 Jahrbuch für Literatur 1973.
Hrsg. von Michael Krüger und Klaus Wagenbach
Tintenfisch 7 Jahrbuch für Literatur 1974.
Hrsg. von Michael Krüger und Klaus Wagenbach
Peter Rühmkorf Die Handwerker kommen. Ein Familiendrama
Rainer Kirsch Kopien nach Originalen. Vier Portraits aus der DDR
Werner Kofler Guggile: vom Bravsein und vom Schweinigeln
Tintenfisch 8 Jahrbuch für Literatur 1975.
Hrsg. von Michael Krüger und Klaus Wagenbach
Adolf Endler Nackt mit Brille. Gedichte
Erich Fried Fast alles Mögliche. Wahre Geschichten und gültige Lügen.
Hans Christoph Buch Aus der Neuen Welt. Nachrichten u. Geschichten
Heinar Kipphardt Leben des schizophrenen Dichters Alexander M. Ein Film
Tintenfisch 9 Jahrbuch: Deutsche Literatur 1976. Hrsg. von Michael Krüger und Klaus Wagenbach
Tintenfisch 10 Thema: Regionalismus. Hrsg. von Lars Gustafsson

Wolf Biermann Die Drahtharfe. Balladen, Gedichte, Lieder

Erich Fried Die Beine der größeren Lügen / Unter Nebenfeinden / Gegengift. Drei Gedichtsammlungen

Tintenfisch 12 Thema: Natur. Hrsg. von Hans Christoph Buch

Brendan Behan Die Geisel und andere Stücke. Mit einer Nachbemerkung von Heinrich Böll. Hrsg. von Ute Nyssen

Erich Fried Die bunten Getüme. 70 Gedichte

Tintenfisch 13 Thema: Alltag des Wahnsinns. Hrsg. von Hans-Jürgen Heinrichs, Michael Krüger und Klaus Wagenbach

Giorgio Manganelli Unschluß (Sconclusione). Prosa. Aus dem Italienischen von Iris Schnebel-Kaschnitz

Werner Kofler Ida H. – Eine Krankengeschichte

Tintenfisch 14 Jahrbuch: Deutsche Literatur 1978. Hrsg. von Michael Krüger

Robert Wolfgang Schnell Die heitere Freiheit und Gleichheit. Vier Geschichten von der festen Bindung

Pier Paolo Pasolini Freibeuterschriften. Die Zerstörung des Einzelnen durch die Konsumgesellschaft. Aufsätze und Polemiken. Aus dem Italienischen von Thomas Eisenhardt

Tintenfisch 15 Thema: Deutschland. Das Kind mit den zwei Köpfen. Hrsg. von Hans Christoph Buch

Volker von Törne Kopfüberhals. Achtundvierzig Gedichte. Mit Grafiken von Natascha Ungeheuer

Tintenfisch 16 Literatur in Österreich. Rot, ich weiß, rot. Hrsg. von Gustav Ernst und Klaus Wagenbach

Vaterland, Muttersprache Deutsche Schriftsteller und ihr Staat seit 1945. Hrsg. von Klaus Wagenbach, Winfried Stephan u. Michael Krüger

Stephan Hermlin Abendlicht. Prosa

Tintenfisch 17 Jahrbuch: Deutsche Literatur 1979. Hrsg. von Michael Krüger und Klaus Wagenbach

Erich Fried Liebesgedichte

Carmelo Samonà Brüder. Prosa. Aus dem Ital. von Marianne Galanti

Wolfgang Hermann Körner Die ägyptischen Träume. Prosa

Giorgio Manganelli Irrläufe. Hundert Romane in Pillenform

Werner Kofler Aus der Wildnis. Zwei Fragmente

Tintenfisch 19 Jahrbuch: Deutsche Literatur 1980. Hrsg. von Michael Krüger und Klaus Wagenbach

Stephan Hermlin Lebensfrist. Gesammelte Erzählungen

Erich Fried Lebensschatten. Gedichte

Pier Paolo Pasolini Unter freiem Himmel. Ausgewählte Gedichte. Aus dem Italienischen von Toni und Sabine Kienlechner

Johannes Bobrowski Mäusefest/Der Mahner. Zweiundzwanzig Erzählungen

Tintenfisch 20 Jahrbuch: Deutsche Literatur 1981. Hrsg. von Michael Krüger und Klaus Wagenbach

Volker von Törne Im Lande Vogelfrei. Gesammelte Gedichte

Külte-Wetterburg

Volkmarsen

(Rasselbande)